山海嬉遊紀

跟著風型人、土型人，
發現地方生機

王靜如
財團法人建蓁環境教育基金會
著

目錄

書系說明——留下生態鑿痕時，有所儆醒 5
推薦文 6
作者序——把生機帶給別人，也幫地方找到生機 8

篇一 樂海者

• 洪清漳——金門的一草木、一海土，皆如數家珍 16
• 蔡正男——海歸、海龜、海規一體三面 30
• 陳翠玲——引介被紅花石蒜牽引的北疆 44
• 許自由——營造一個關於澎湖的好記憶 58
• 賴威任——嘗試突破同溫層，讓人人擁有海洋DNA 72

篇二 樂山者

・湯谷明——野外體驗對孩子的震撼是很大的 86
・張菁砡——讓身心靈在自然中流動 100

篇三 包山包海

・馬中原——凝聚海與山的「高山部落」智慧 116
・林玉妃——帶孩子先從吃開始認識植物 130
・許民陽——認識多樣美麗和多災害並存的地質環境 144
・顧瑜君——讓孩子親身體驗人生五味 158

篇四 植物控

・黃盛璘——以植物為媒介打開人的五感 174
・梁群健——花市買得到的，我就種 188
・翁恒斌——對神木說：請你再好好活幾千年吧！ 202

篇五 自耕農

‧邱顯輝——寧種市場罕見的作物 218
‧李茶‧田菁——力行少即是多「減農法」 232
‧謝佳玲——想把田留給鳥兒，跟小鳥一起種田 244
‧王有里——歡迎大家來我的茶園看螢火蟲 256

篇六 惜漁掛

‧徐承堉——帶著小學生吃有刺的魚 270
‧黃紋綺——水產品包裹了一層層海洋永續概念 282

篇七 動物咖

‧陳建志——青斑蝶為什麼千里跋涉遷移？ 298
‧王嘉靖——一隻蠟蟬會怎麼彈出去？ 312
‧來地喵喵——每一隻貓都是獨特的 326
‧鄭莉佳——餵養流浪動物前先停看想 340
‧廖震元——讓為我們付出的經濟動物活得更好 352

書系說明

留下生態鑿痕時，有所儆醒

「人類世」，這名詞近來不時被人們提起，被指為地球最近的地質年代，更精準地說則是人類生活的這時代。照說，人類現今所處最年輕的地質年代應該是全新世（Holocene），但卻因諾貝爾化學獎得主、荷蘭學者克魯琛（Paul Crutzen）於二〇〇〇年墨西哥的學術會議上的靈光乍現，而賦予這未被證實的「人類世」地質年代。

儘管就地質學上，因認定上的眾說紛紜，人類世無法被認定到底從何時切入，有人認為是工業革命開始，有人認為是核彈試爆的顛峰時期，甚至有人認為應該追溯到人類開始務農八千年前或兩百萬年前智人演化起算；然而，人類的確讓地球「脫胎換骨」，以曠野為主的生態系統，被以人類為主的不斷取代，大草原的物種多樣性也被一望無際的單一作物——黃豆、小麥、玉米，以及為人類服務的經濟動物——牛羊雞豬的身影所取代。

人類無所不用其極的干擾遍布地球每個角落，甚至足跡也到了外太空，我們每日製造的塑膠包裝、鋁箔罐、開的車等，都在化石紀錄留下點點滴滴的人類軌跡，非自然力量所產生的物質不僅深入地表，還滴水穿石地改變了天氣。

無法在紛歧且嚴格定義的學術上參與一腳的我們，但也不妨深自思考，到底自己每日每時「貢獻」多少「辛香料」，於宇宙間煨燉了多少「菜色」，以證明我們的存在。如果我們稍有一絲絲覺醒，也許將能在關於環境的意識上和留下生態鑿痕時，有所儆醒。

以此為本書系說明。

推薦文

走進自然，接受自然，就能發現人是自然的。

王鑫（臺大地理系名譽教授）

疫情解封、國門解禁，您是不是正在摩拳擦掌搜尋各國風景名勝，準備大展身手出國旅行認識世界？

在您行萬里路之前，我想推薦您讀一讀這本書，透過書中二十五位引路人的視角，為我們打開壯闊臺灣的美麗與細膩；認識這塊從小生長的土地上，二十五個感動人心的故事。這是一本心靈的旅行，不僅有令人讚嘆的大山大海之美；更有愛鄉愛土回味無窮的人文之美！不管您是樂山者或是樂海者？植物咖還是動物咖？相信都能在這本書中，找到心之所向，療癒的力量。

走進《山海嬉遊紀》的登機門，祝福您有一段美麗豐收的旅程。

王南琦（戰鬥媽媽）

臺灣很特別，雖然不在熱帶地區，但低海拔溪谷地帶高溫多濕，呈現熱帶生態，同時臺灣又多高山具寒帶物種，而且位處地球最大海洋與最大陸地交界處，加上黑潮洋流經過，不只物種豐富且成為許多植物的南北界線。

更神奇的是在歷史的因緣際會之下，臺灣匯聚了最多的人種與文化，多樣性的生態與人文，是上天賦予臺灣的珍貴寶物，就像《山海嬉遊記》裡介紹的這些人，來自四面八方各具不同背景，但是只要擁有開放的心靈與好奇心，人人都能從大自然獲得生命的啟示，若能懷抱感恩心情，無私地將心得分享給四周的人，就是環境行動的開始，也因為有愛有願，這些人也就能發揮原本想像不到的巨大力量。

李偉文（牙醫師、作家、環保志工）

敏銳洞察、勇於突破、鍥而不捨，在全心投入的領域裡，成為散發熱力與能量的小巨人。書中每一個身影，都是尋常生活中的不平凡；他們不僅是夢想家、實踐者，更是樂於分享的教育家。

周聖心（臺灣千里步道協會執行長）

一群樂觀的勇者，把夢中的黑白景色與人物，一一換成彩色島嶼的民胞物與之愛。

金恆鑣（作家、生態學家）

《山海嬉遊紀》的感動來自生命見證。書裡每位主角，以青春鑽研臺灣環境，以愛傳承臺灣本土知識。他們多元的生活經驗引導我們探索屬於自己知行合一的路。例如，海龜環保旅店的客棧主人、守護東湧燈塔創作繪本的燈塔家族、偏鄉孩童書屋主、哪啊哪啊攀樹師、園藝療癒師、部落的、海洋的、動物的……每一位的愛都深深烙在臺灣的島嶼、山海、蟲魚鳥獸、花草樹木。《山海嬉遊紀》萃取出當前理論與創新無法取代的人文溫度。

張聖琳（臺大D-School副院長、城鄉所教授、茶農）

作者序

把生機帶給別人 也幫地方找到生機

文／王靜如

近兩年的走訪，臺、澎、金、馬，斯土斯民，俱是耀眼。二十五位在都市、偏鄉或離島的環境教育者、生活者，在農、漁、動物、植物、昆蟲、社區人文、學術教育間仿若各自行走，卻同對自然與所處的在地環境付諸實踐的努力與串聯。山海嬉遊間，引領了過去未曾真正打開的五感，運動了愛鄉護土惜萬物的腳步，信仰了臺灣的山海、田園、森林與人文。

✽
✽
✽

純屬巧合？自然啟示？從原土城彈藥庫裡趣意盎然的輝要農場開始，到也曾是軍方彈藥庫的富陽自然生態公園按下暫停鍵。彈藥譯註著：非和平、破壞、欺凌、武力、完全不自然。實則在歲月更迭間，也因軍管與廢置，讓此兩地保留了難得的生態環境，少了人為的侵壞，多了自然的生息。馬祖東引島、小金門烈嶼，同也因軍管限制，保留了生態的和平。

書章內容的採攝期也從二〇二一年三月至二〇二二年八月，這段時日，世界與臺灣都承受著「COVID-19」新冠肺炎疫情肆虐的危機，幾經打斷約定的訪程，活動暫停、相見遲疑。猶記得二〇二一年五月，臺灣在堅守一年多後，疫情大流行，曾有好些天，雖未封城，街上人少車稀，宛若空城。人與人的接觸少了，多自我隔離於小小室內空間；社交距離，不僅存在於人與人間，人與大自然也像是異地戀人，想念著，卻只能透過螢幕遙遙窺探，觸不著、嗅不到。一層口罩，阻隔了病毒傳染，也杜絕了好久未能無罩自在呼吸的渴盼。

好不容易，在這場來得快又急的世紀疫情衝擊了三年多後，世界似漸回歸原來的「常態」，但實已不是舊時的「日常」了。

新的常態生活下，我們該不該深刻自省？思考人對環境的行為是否良善，學習且調整人在環境的位置，以面對不知何時會再來的瘟疫反撲與種種大自然挑戰。

時值後疫情時代，旅行者行囊備整，地方經濟與生機，急待重振。出版本書，或恰可為地方的復興與翻轉描繪輪廓，同時找到友善、好玩、豐富的休憩環境與模式。

✽✽✽

本書最初的發想要緣於「建蓁環境教育基金會」自二〇一二年成立以來，秉持愛臺灣之立意，協力各領域的環境教育工作者，十年來推動許多環境、人文、教育方面相關議題的活動，從認識臺灣的好山好水及環境資源開始串聯，探索氣候變遷與生活的影響、開展人與環境的和諧。

「建蓁環境教育基金會」與書中二十五位環境教育工作者，及更多此次未及納入書中的地方團隊或個人，皆著力於發揮地方特色、發展最適合的在地經濟，在推動環境教育的同時，把生機帶給別人，也幫助地方找到生機。讓「地方創生」不流於口號，踏實的扶持地方發展結合地理、人文風情的在地產業，促成一個美麗均衡的臺灣。

鮮少在媒體曝光的「建蓁環境教育基金會」執行長Janny陳，回想十年前「建蓁環境教育基金會」創立之初只想做跟公部門與營利事業不一樣的事，把資源投資在這兩個單位涉獵不到的地方。讓基金會成為一個平臺，媒合受眾、找資源，以能做、想要做的方式去做，不制式化、彈性很大，也沒有包袱、不論KPI，「建蓁環境教育基金會」打破規格化的營運模式，「自己執行，成之在我，就會有不同的成果跟感受，賺快樂吧！」是Janny陳難掩的浪漫。

在許多「建蓁環境教育基金會」主辦或參與的活動中，就見Janny陳在一旁或同所有工作人員般，打點著細瑣事項，有時也和學員一起實際參與體驗活動，真實感受活動的流暢與內容，唯少見的是她上臺致詞等官式樣態，把舞臺與鏡頭全交給活動講師，「這是我們一起做出來的，他們是我們的好夥伴。」對於合作協力的夥伴、對於基金會的同伴，她都抱持著這樣謙和、溫暖的心，低調、不張揚自己。高興於「這十年讓我看到一群很有夢，願意為臺灣付出的人，願意為理想的臺灣而努力生活的人。」

談起這些夥伴，Janny陳多是滿滿的感動與感謝；說起臺灣，更不諱言臺灣有漂亮的地方，也有醜俗之處，什麼都是、也什麼都不是，但就是「家」吧！

這個家，需要大家一起給它更多的永續保存、發展與創新，「建蓁環境教育基金會」遂秉持：「你願意做，基金會給機會、幫忙做，但我們不想幫拖著不願做事的人做事」的理念沉靜前行，在種種看似不經意與隨緣間，有所為、也有所不為的助力於地方創生。

「我雖不是可以苦行的人，但我願意去支持苦行。」是Janny陳溫暖卻不濫情的承諾。基金會幾位同仁忙點頭地同聲說：「對！執行長最常說的就是：我的一塊錢，不是一塊錢。」「建蓁環境教育基金會」不為浮華虛名，扎扎實實地在走過、看到的臺灣不同面向與區域，發揮小而巨大的力量，串動起奔流的生機。

一個個發現地方生機的故事，促生這本書的出版，一位位風型人、土型人的態度，豐富了故事的價值。

這是一本呼喚人們齊來遊走臺灣、深入了解臺灣生機之書，邀請您讀後起而行。■

高山森林基地
Fish Bar
洄遊吧

樂海者

金門的一草木、一海土，皆如數家珍

洪清漳

對自己生長的土地了解、深入，
看見其特殊性，
才會與土地有進一步的聯結與關懷。

洪清漳

金門縣烈嶼鄉退休教師、
潮間帶生態觀察家，
長期在金門觀察海、陸生態，
發現全球新物種「金門鐘螺」，
記錄到近四十種未在臺灣有任何
正式紀錄的潮間帶生物。

洪清漳老師不厭其煩地一再解說如何分辨鱟的雌雄。

在金門烈嶼貓公石濱海，洪清漳沿著淺海岸邊低頭尋找著，不久，在海岸灘間撿拾到一隻死亡的鱟。

「知道這是什麼嗎？這是潮間帶的活化石─鱟。」

洪清漳啟動老師本色，解釋著鱟是四億年前就生活在海洋裡，比起人類有著更長久的歷史，但在人們將環境大肆開發破壞後，現在數量已經很少了，只有在金門、馬祖可以找到鱟的蹤跡。

「來，你們知道怎麼分辨鱟的雌雄嗎？」

在七嘴八舌的臆測中，洪清漳不急不徐地指著那隻鱟說：「我

上　多年來洪清漳不間歇地巡走在金門潮間帶，趁著大潮觀察潮間帶生物。

下　洪清漳協力金門國家公園導覽生態團隊，於藍色公路間訴說大膽島、二膽島的故事。

們要看鱟的雌雄，可以從鱟的頭胸甲前緣看起，雄性的頭胸甲前緣有一凹陷處，而且第二及第三對步足特化為鉤子狀；雌鱟的頭胸甲前緣則為圓弧狀，步足都是鉗狀。在腹節方面，雄鱟腹節背甲的緣棘為六對，雌鱟的腹節背甲緣棘為三對長的及三對短的，這樣雄鱟伏身擁抱雌鱟時才不會被妨礙到；還有，也可以從生殖孔來判別雌雄。」

剛解說完鱟的雌雄，另幾位路過的遊客靠攏，洪老師又重來一遍這樣的分辨法。同樣的解說像是按上了重播鍵，短短幾十分鐘內洪清漳不厭其煩地說了七、八次吧。一旁重覆聽著的人都會背了，不禁佩服起不知解說多少回的洪老師，不膩嗎？

「這麼古老珍貴的鱟魚，數量越來越少、分布地也越來越窄，能夠讓更多人了解鱟，才能推廣鱟的生態保育工作，告訴大眾鱟的珍貴與金門生態之美。」洪清漳靦腆笑容中帶著珍惜的語氣說。

了解自己的家鄉，才會回來留下

洪清漳，本著對故鄉金門的熱愛，除了讀書時來到臺灣求學，其他歲月都沒

萬物時令

初一、十五中午滿

秋高氣爽時是拜訪金門最佳時刻，從九月到十一月秋分到小雪節氣，金門所展現的獨特島嶼魅力，都會讓人想再三遊訪。但夏至跟冬至這兩個節氣時的漲潮會漲得更大更高，三、四月春霧瀰漫，飛機常因此改班次。

若想要於金門海岸線親近豐富的生態與地質景觀，首先需留意潮汐起落時間。

常態來說一天會有兩次漲、退潮，每日漲退潮時間約延遲五十分鐘。簡單的推算法是農曆初一、十五約是五點三十分至八點三十分退潮，每天延遲五十分鐘，依此可推算每天的退潮時間。

金門因曾是戰地的種種限制，讓許多珍貴人文與生態得以保留。

有離開過金門烈嶼，對於被稱為小金門的烈嶼各種歷史人文、八方四土自是再熟悉不過，一草木、一海土，皆如數家珍，也期與世界分享金門的特別。

自小金門卓環國小退休教職後，洪清漳對故鄉的愛與關懷可沒退休。長年在烈嶼做著戰地史蹟、生態調查等，起始於陸地動植物，在海禁解除後，則開始研究潮間帶、海洋生態，不只是圓自己的興趣與夢想，更傾盡心力於一個宏遠目標：帶領更多在地人認識家鄉。

「畢竟認識了才有機會留下來，過去很多學生到臺灣後就不太回來金門，是因為不了解島上土地就沒感情，跟土地沒聯結就不會去珍惜。這幾年金門鄉親們發現，原來金門的海洋資源這麼豐富，就更關心這塊土地了。」

洪清漳相信透過記錄與觀察，發現在地的美，

獅嶼位於烈嶼與廈門島之間的海域。

可讓對土地沒有感情者，轉而對土地有關懷。就如生物保育學家珍古德所說：「唯有了解，才會關心；唯有關心，才會行動；而唯有行動，生命才有希望！」

於是，你可見洪清漳不停歇於潮間帶生態研究，也協力金門國家公園導覽解說青少年生態團隊，於金門藍色公路間訴說著大膽島、二膽島的風土故事，客觀地闡明金門大橋歷經十數年的興建過程與影響。

他成立臉書「金門潮間帶」社團，分享一張張珍稀少見的奇特美麗生物照片，讓大家更了解金門，進而能加入金門生態志工行列。

「自己的島嶼自己顧，有越多在地人認識家鄉的美，就越能讓世界看見金門、看見金門生態的多樣性。」

無數清晨黑夜間探索潮間帶

長期的生態觀察不像外地來旅遊體驗般輕鬆容易，因為潮間帶生物多有保護色、身形短小，必須學習觀察技巧與備有各式裝配備，更重要的是需有耐心。尤其金門潮間帶有著特殊性，如金門俗諺：「初一、十五中午滿，初八、廿三早晚滿」，大潮時間不是很早就是很晚，且金門潮差高達六公尺，許多生物要在大潮才能看得到，不能潛水而需等大退潮時才能觀察，一天至多只能去一個潮間帶，天氣不好時也看不到。

也就洪清漳有著一股或被人嘲笑的傻勁，多年來暗黑深夜、天未透亮的清晨、下雨天、冷風天，都可見他弓著身軀，趁著大潮觀察大、小金門潮間帶生物，或登上金門離島的離島、無人島。也可見他自小金門搭船至金門，金門搭機至臺中，臺中再乘船到烏坵，大坵、小坵簡陋的生活環境中，猶待老天賞臉給個好天氣，才得以進行生態調查，道地的飄洋過海只為探索記錄金門海洋生態。

上 高粱曾是金門經濟價值最高的農作物。

下 烈嶼因土質帶有紅性黏土富含礦物質，讓芋頭特別鬆綿好吃。

二〇一九年，洪清漳發現全球新物種「金門鐘螺」（*Calliostoma hungi* Huang & Fu 2019），且得以用他自己的名字來命名，是生物界除了植物的金門水韭外，海洋生物中第一個以「金門」為名的物種，為金門生態邁出一大步。

生態保育需要大家一起來

提及金門，關鍵字多是戰地風情或高粱，其實金門淺海區域水中生態豐富又多樣，跟臺灣有著迥異不同的潮間帶生態。

過去金門因是戰地，海岸邊都是軍事管制，人民離海洋很遠。但整個金門，最遠處開車不到十分鐘就可到達海邊。所幸，長期「海禁」下，金門海岸線反減少了人為介入，生態得以更完整保存。

洪清漳舉例，「金門是許多亞熱帶種類海蛞蝓重要的分布範圍。臺灣有八百種海蛞蝓，小小的金門就有四分之一，過去金門有記錄的海蛞蝓不超過五種，現在卻有約兩百種被發現，而且有一半是未知種，甚至有可能是新發現的物種。」

從鱟、海螺、海葵到海蛞蝓等海洋生物，洪清漳傾心於建立一套金門生物資源圖鑑，做為野外考察、環境教育及生態旅遊解說的資料，成為認識潮間帶生物的寶

洪清漳耐心地與學員解說建功嶼生態，讓更多人了解土地，跟土地聯結。

典，讓在制式課程裡沒有的家鄉事物，得以記錄，烈嶼潮間帶生物多樣性資源也可被大眾認識。

洪清漳期望自己能起帶頭作用，號召更多人記錄自己的土地。樂觀想著如果每個家鄉都有一個人記錄，那資料就很豐富，相信也會有其他地方、其他人跟著做。「我們若能從各種面向來記錄海洋，進而保護海洋生物的棲地，也是保護我們生活的地球環境。」

氣候變遷加劇下，大自然改變的速度，遠超過人類建設。一沙一世界，對生態、土地的關懷，不僅僅為著一螺、一蟹的生長，也影響著人類生活、公共建設。保全沿海土地，提供沿海生態系的生存空間，是洪清漳對家鄉、對金門的一生奉獻。▣

夜探建功嶼潮間帶

金門有俊美的海岸線及豐富的生態，潮間帶更是呈現出潮間帶生態的多樣性，各類生物密集活動，非常值得深入探索及記錄，傾聽來自大海的聲音，並感受潮間帶的生意盎然。

這一晚跟著洪清漳老師探索素有金門版「摩西分海」之稱的建功嶼，它位於金城南門浯江溪口，漲潮時會獨成一礁，漲潮與退潮時海平面高度相差數公尺以上，只能利用每天兩次退潮的機會經由五百公尺長的石坂道步行登島，且要掌握好回來的時間，不然海水漲潮又會把那神秘步道淹沒。

在退潮之際，沿著步道走可看到各種潮間帶濕地生態與各種海鳥，路途中還有裝置藝術牡蠣人，島上則留有當年軍事碉堡的樣貌。尤其是夜訪，分外神秘又珍奇，拿著手電筒在暗黑中尋找彈塗魚、鱟、招潮蟹等，夜探荒廢的碉堡，教育度、冒險度都百分百。

洪老師提醒：對於愛護自然資源有著熱忱，想拉近與國家公園距離，可選擇參加金門國家公園管理處舉辦的活動，或參與有專業帶隊的潮間帶生態導覽，切勿不清楚漲退潮時間，就一人冒然前往潮間帶探尋，免得一不小心就會成為次日新聞頭條。

海歸、海龜、海規 一體三面

蔡正男

小琉球最吸引人的是生態旅遊，
從海歸到海龜、海規，
每一個人小小的存在，
小小的把自己做好，
就是從源頭淨灘、對環境友善，
真正正好的環保旅行。

蔡正男

正好友生態環保旅店的熱情主人，
旅店取得銀級環保旅店標章認證，
主人獲得第七屆國家環境教育獎，
從自己身體力行開始，
投入綠蠵龜保育，改變小琉球的環境生態。

行旅於臺灣離島中唯一的珊瑚礁島「小琉球」，一般都是租輛機車，直衝民宿，行李一放就環島看海、戲潮、追海龜去。

這天，入住「正好友生態環保旅店」，逢防疫期間，戴口罩、量體溫、酒精消毒必不可缺，一進門即被要求換穿旅店準備好的室內拖鞋，以加強內部環境清潔。做好這些還不夠，大家先來上上課，熱愛小琉球生態的主人蔡正男，除會介紹小琉球的生態與景點，更會從小琉球海龜生態說起，一再提醒住客「正好友生態環保旅店」是以海龜為主題，如果你心疼海龜因吞食塑膠袋、吸管而亡，那就一起來推廣環境保護、節能減碳、生態保育，帶領住客了解小琉球旅宿業與環境的問題，將海歸、海龜、海規的不同面向，以嚴肅中偶帶冷笑話的與住客說明。

出生於屏東縣小琉球鄉的蔡正男，堅持在家鄉開設落實生態環保理念的民宿，以記錄與維護小琉球海、陸自然生態和環境為己任，並持續在小琉球當地推廣生態旅遊，種種的努力皆是為了想讓小琉球的環境不再惡化並且好轉。

上 有海才有島，有島才有人。保護海洋資源就是保護人類的生存空間。

下 海龜是小琉球的大明星，很容易看到，是非常珍貴的資源。

每個人在每個環境生態環節裡做好

跟著蔡正男到龍蝦洞、杉福漁港等地觀賞海龜，他可以很迅速準確地找到海龜的身影，且藉由實際的環境與利用隨身攜帶的各種擬真海洋生物模型，專業講解海洋生態。每一隻海龜好似都是和蔡正男一起長大的鄰家好朋友，對其來歷、狀況都能娓娓道來，也不斷呼籲眾人要一起守護可愛的海龜和小琉球這座美麗島嶼，遊客可以在海邊尋找海龜蹤跡、觀察潮間帶，或進行水上活動與浮潛等，但千萬不要打擾海龜，留給牠們一個不被騷擾的環境。

「有海才有島，有島才有人。身為海島人，為海島盡一分心力，保護海、保護海龜就是保護地球的生態環境，更是保護人類下一代的生存空間。」基於這樣的心念，也為了讓女兒能認識故鄉小琉球，蔡正男二〇〇八年舉家搬回小琉球，長期在島上進行生態調查、記錄與維護，推廣友善生態的觀念，並到校園進行環境教育的宣導與分享。

為進一步經營環境教育事業，蔡正男在小琉球開設正好友生態環保旅店，把旅店做為媒介與據點，全力投入綠蠵龜保育，讓生態保育的觀念與行動在島上逐漸發酵，不僅喚起同業及島民共鳴，也影響更多來訪的旅客建立友善生態的正確概念，身體力行一個又一個環保行動。

為了打造這間生態友好的旅店，蔡正男不惜經費，全部堅持使用環保木地板、碳化木及無化學藥劑的漆料等環保建材和設備。電器皆具環保標章，旅客使用過的床單、被套在使用環保洗潔劑的店家送洗，可分解的沐浴乳、洗髮精則是盥洗用品的不二選擇，備品，當然是請客人自備囉。

無怪乎他被封為「海龜防衛隊長」，且獲得「第七屆國家環境教育獎」個人組特優。正好友生態環保旅店也榮獲屏東十大民宿、大鵬灣好龜宿、臺灣百大好客民宿、環保署銀級環保標章認證等肯定。

「就是把自己縮小，把自己做好，這樣基本工就夠了。我的環保小民宿若生

萬物時令

每年小滿節氣起，五至九月是小琉球海龜上岸產卵的季節，不要打擾海龜媽媽產卵，也還給海龜一個適合產卵的沙灘。

站在小琉球海岸邊，很容易就能觀察到海龜覓食、換氣，可說「在小琉球看不到海龜比看到更難！」張潮時若又遇上海龜覓食的時間，看見整群海龜出沒可也不是不可能喔！但別忘記牠們是世界級的保育類，並不是所有地方都這麼容易親近海龜，要珍惜小琉球這樣全球少有的生態奇景。

意變好了，自然就會有人模仿，不也等同於告訴別人怎麼做？這就是影響力，也就是環境教育、環境改變。正好友旅店雖獲得許多認證和獎項，但我主要的目的不是得獎，而是串接更多人一起宣導環境教育。」

蔡正男從一間旅宿開始，推廣友善環境的理念，讓每一位旅客在住宿過程中，可以多認識一點環境生態保護的重要。他深信雖然單單一個人可以做的事情少，若每個人在每個環境生態環節裡都能運轉，就是一股宏巨的力量。

順著大自然告訴我們的去做

近年的小琉球觀光產業不斷發展，豐富的潮間帶生態，及幾乎不會讓旅客撲空的超人氣明星「海龜」，為小琉球帶來大量人潮，也為小琉球環境造成相當大的負擔及傷害。

為此，蔡正男將帶領的體驗遊程設定人數上限，環保旅店的房間數及房客數亦設上限，也提倡在地同業或是解說員配合潮

上 蔡正男藉由環保民宿推廣友善環境的理念。

下 潮間帶活動應配合潮間帶休養期，將旅客分流到不同時段及地點進行，實施分流觀光。

EVERGREEN
HOLLISTER
CALIFORNIA

間帶休養期，將旅客分流到不同時段及地點進行活動，實施分流觀光，目的是不要因為一次帶領過多人數進入自然環境，過度踩踏，對環境造成負擔及無法回復的傷害。

「順著大自然做事吧，大自然會告訴我可以做什麼？大自然和環境透露著許多資訊，這些自然訊息，生物生態尤其敏感，生物會再透過很多方式告訴人們，只是我們有沒有聽到？」

蔡正男認為真正進入環境是順著大自然做事就好。所以，在夏日旺季遭逢颱風，旅客取消來小琉球，他也不愁不惱，豁達地說：「那就做些平日沒時間做的事就好啦。」一年四季中人流最少的冬天，更是他與環境的休養期。

一切緩步平和地順應天時在律動，生態導覽員要了解生態環境，了解自己的場域哪些可做？哪些不可做？才是專業，且要對不同的對象釋放不同訊息。

「我們到潮間帶，或潛水入海洋裡，是去海洋生物的家，那是他們固定的家，我們不是在玩生態、找東西，要先了解可能的問題是什麼？才是真正進入環境裡。」

上 小琉球是近年的觀光熱點，適合全家大小賞龜、浮潛、看奇石。

下 蔡正男利用各種擬真海洋生物模型，專業講解海洋生態。

對於來小琉球旅行的遊客，蔡正男體貼地認為旅行是放鬆，不該用說教方式來加諸環保責任，也發現強調越多，行為可能會越來越遠。

「環保是減法不是加法，在放鬆旅行中，改變自己的行為，做不同選擇，例如使用環保餐具、低碳節能、選擇環保旅店都是減法，就是幫助環境。我做一個環保旅宿業，也是讓別人可以做選擇。」

就從做好自己開始，蔡正男影響其他旅宿業、影響客人，不以教條來規範，自然營造的氛圍告訴大家做這件事是對的，是友善環境的，就算不一定是馬上百分百有成效，下一代絕對會更好。■

上 蔡正男不以教條來規範旅客，在自然的氛圍中與大家互動，訴求友善環境的理念。

下 為了讓女兒能認識故鄉小琉球，蔡正男舉家搬回小琉球，在島上為維護生態盡一分力。

正好有路

杏輝專櫃
明德藥師藥局
LQ-153
TRUE-FDs生態環保旅店INN

VOLUNTEERS

入住環保旅店用行動支持環境保護

自海龜成為屏東小琉球的觀光明星後，遊客眾多到幾乎要把小琉球踏沉了，各民宿旅店平地起，有豪華奢景海邊旅宿，也有復古老宅民宿，包住、包吃、包套裝行程。你可以自由選擇旅宿方式，或你也可以多為島上生態環境盡一分心，做個環保旅人，選擇入住環保旅宿，食、遊、購、行都以低碳、環保的方式為準則，愛護海洋、愛護海龜。

走進位於小琉球熱鬧老街上的正好友生態環保旅店，就像進入一間有趣的生態教室！大廳牆面上細緻的畫出小琉球地圖，再標滿眾多潮間帶注意事項。在這空間會讓你不知不覺對海洋生物更形了解。旅宿內堅持使用環保沐浴乳及洗髮乳、衛生紙等，不主動提供一次性耗材備品，請住客自備牙膏、牙刷、毛巾浴巾或其他用品，實踐愛地球的理念。

每一間房，各有不同主題，旅店主人也在每間房牆上寄語對旅客的盼望，藍色房裡寫著「除了攝影什麼都別帶走」，紅色房又寫上「除了足跡什麼都不要留下」，再三地希望旅客在住宿過程中，可以多認識一點環境生態保護的重要，且能不傷害小琉球、不隨意留下垃圾，保護海洋生態。

而想到環保旅宿就覺得是簡陋不舒適嗎？並不然，正好友生態環保旅店，空間寬敞，設備雖從簡樸，不華麗、誇張，該有的卻一點也不少，衛浴空間的一張紙到床舖的乾淨清爽，舒適的空間、環境教育在這裡正好全都有！

引介被紅花石蒜牽引的北疆

陳翠玲

東湧燈塔照耀著家族三代人的故事，
東引豐滿的花草生態、在地況味，
匯聚出一幅幅小島女兒洄游的
生活畫作。

陳翠玲

東引國民中小學教師，專責藝術與人文課程，
家族三代人都是東湧燈塔的守燈塔人，
於拈花惹草、書畫寫作間安住於小島，
著有《我的東引 你的小島》散文書、
《守燈塔的家族：東湧燈塔的故事》
圖文套書。

陳翠玲家族為三代守燈塔家族，一家數口擠在狹窄的塔裡空間中。

漸透亮的奶白與淡藍色天光中，船慢慢靠近中柱港，朦朧似幻的柔美氣息裡，剛毅堅卓的風格毫不退讓，這是東引島啊！有「國之北疆」稱號的臺澎金馬最北端領土，離馬祖列島中的南、北竿不近，離臺灣更有點遠，從基隆港搭乘臺馬之星需八小時才可抵達，沒有直飛班機，搭機抵南竿後，仍需搭船二小時方可來到這馬祖四鄉中面積最小的東引。

這個被海洋包圍的小島，雖未能說與世隔絕，卻絕對是自我秀傲於大洋上。它的戰略地位卓絕，軍營、碉堡、哨站、坑道布滿整個島，身穿迷彩服的阿兵哥

上 換錦花為東引珍貴植物，花開時節正是學子離愁湧現時刻。

下 東引是磯釣天堂，全年都能釣獲黃雞和黑鯛類等。

與綠色軍車不時轟隆而過，戰地風情更勝金、馬本島。它也是保育鳥類黑尾燕鷗的故鄉、磯釣者的天堂，九月綻放珍稀的紅藍石蒜、十一月的油菊，皆彰顯東引自然資源的豐沛，而一座十八世紀歐洲式建築風格的純白東湧燈塔，更增添東引風情畫的人文氣韻。

家族三代守燈塔，出生成長皆在東引，學成後也回到東引國中小執教的陳翠玲老師，以《守燈塔的家族：東湧燈塔的故事》繪本，將東引風光、專屬於燈塔人家族的故事娓娓訴說，島上一草一木、一景一物似與陳翠玲相交甚密，在彼此的生命中互給養分。

最豪華的豬舍就在燈塔裡！

位於全馬祖列島極東之地的東湧燈塔，又稱東引島燈塔，純白色磚造塔身聳立於峭壁，映襯崖下的湛藍海水，這天涯海角的絕景，磅礡氣勢。

已有百年歷史的東湧燈塔早期皆歸英國人管理，一九四七年陳高福成為第一任華人燈塔主任，東湧燈塔才由國人接管。陳翠玲是陳高福孫女，阿公離開後，她二叔陳寶銀接著守塔，現在則交由弟弟陳天正肩負守燈塔之責，家族三代接持守塔七十餘年。陳翠玲走在通往燈塔的山徑，這是三代人回家的路，步步走來皆是熟悉與回憶。

「早期，燈塔是管制區，守塔人需攜家帶眷全住進燈塔宿舍。阿公陳高福九歲時來到東引，從陪英國職員小孩玩耍，到十二歲時受到英國官員賞識，就算長得不夠高大，憑著一張板凳，也取得守塔的工作，一家人就住進燈塔。」

走到燈塔後方，陳翠玲特指著一方低矮圍牆說：「知道這是做什麼的嗎？當時阿嬤就在這養豬，這可是最豪華的豬舍了！」

海景第一排的房舍，不僅對豬雞來講豪華無比，也令現今許多人都欣羨不已吧。當然，在那物資缺乏的老時光，守塔人為供應工作人員的食物，養豬養雞過著自給自足的生活，也令塔外人羨慕不已，稱此地為「東引別墅」。

「不過，我媽媽很嫌棄燈塔生活，說總有做不完的家事。」當陳翠玲畫繪本時，每天纏著母親問燈塔的過往，媽媽就總是不耐煩地碎念著：「不要再問啦！」卻又細細道盡燈塔家族的點滴。陳翠玲說：「這也許像是我對東引島的情感，不停不停地想離開，真的離開了又想回來，一旦錯過了、沒離開，卻又覺得留在這裡很自在。」

陳翠玲對東引與燈塔有著微妙複雜的感情，但驕傲卻是一定存在：

「外面的世界很大，這裡很小。但島很小、人很大，我所有的喜歡和理想都在這個島，我也相信在全球在地化的趨勢下，越在地越國際，我會把這個島的許多美好流傳發揚。」

就如東湧燈塔，雖不再是擔負航行船隻指引方向的明燈，卻是東引島嶼歷史命脈的延續及見證。

東引是家鄉也是學習場域

東引國民中小學是東引最高、也是唯一學府，由國中、國小及附設幼兒園組成。這樣的體制造成東引孩子們才十五、六歲就得飄洋過海，到馬祖南竿或臺灣繼續升學，這也是陳翠玲繪本裡描繪的紅花石蒜故事。

東引擁有多種珍貴稀有植物，如紅花石蒜、棉棗兒、濱柃木。

上 陳翠玲老師以繪本將東引風光、燈塔人家族的故事娓娓訴說。

下 整個東引島都是自然環境的教學場域。

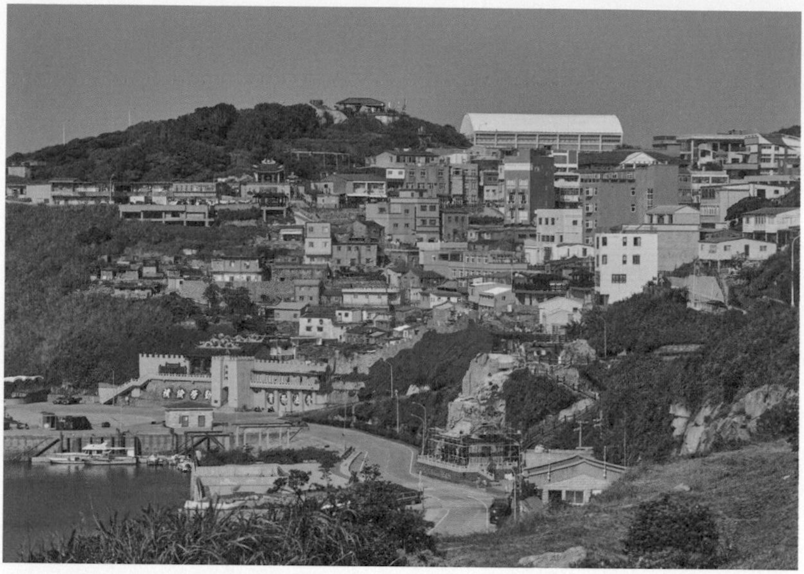

東引是磯釣聖地和黑尾鷗的故鄉。

「紅花石蒜是馬祖珍稀保護植物，花色鮮豔、花型特殊，每年八、九月花開時，也是東引學子長大離鄉日，花盛開、離情濃，東引孩子自此學著長大。」

長大離鄉與四面臨海的環境特點，促使東引國民中小學分外注重海洋環境課程，使每位學生都能知海、親海並愛海。

這一天，陳翠玲就與學生來到泰山府景觀步道，配合事先準備好的圖卡，邊走邊認識廣植的馬祖原生植物，沿路與海桐、日本黑松、濱柃木、華南狗娃花、細葉假黃鵪菜、長萼瞿麥等不期而遇，紅色的海桐果實、金黃的小油菊，色彩飽和得讓人想忽視也難，有的植物前立有解說牌，可讓與植物初見面者不致徒然賞花而不識花。學生們活潑地聽著陳老師的解說導覽，不停發問中踴躍搶答認識植物，以獲得該植物的圖卡，充分呈現寓教於樂的教學。

「我們上自然環境教育課，可不是待在教室讀課本，那太浪費這片大好資源了，我會帶著學生在島上實際觀察動植物和景觀，從五感體驗親近生物，進而懂得欣賞與愛護自然，並了解生態保育的重要。」在陳翠玲豪邁地以一個島為教學場域的解說中，走近蕭大王廟和泰山府，就見紅白廟宇建築襯映於綠蔭及藍海間，不遠處的碼頭上漁船不急不徐地裝卸貨物。這東引民間信仰自是有一段流傳，陳老師繼續說著故事，歷史也好、傳奇也罷，都是在地的文化史蹟，自該讓學生們了解。

陳翠玲帶著東引人無可救藥的使命感，在學校課堂裡，與學生一起創作許多作品，藉由藝術與人文的培養與學習，讓傳藝與創意交融，並利用學生成品布展

萬物時令

夏至南，十八暝

馬祖俗諺，表示每年夏至前後南風起，會連續吹十八天強勁的西南風。夏至南風與馬祖傳統生活作習有許多相關，此時鯷仔慢慢出現，漁民開始放漁網、釣竿；民間信仰中西南風是南方神明北巡造成，各廟宇會在海邊舉行補庫儀式。

與美化學校現有空間，讓曾經一樓到二樓教室再到三樓禮堂的暗沉樓梯間，活化為「轉角美術館」。滿意的笑容中，她音調低了幾分說：

「這裡環境潮濕，常常會有壁癌，我就不時想著如何去活化它，於是我把空間整理後，掛上歷年跟學生參展的畫作，走在這裡是不是不再那麼陰暗？就像在逛美術館。而當初滿心有此想法時，一時未能獲得學校絕對支持，感覺有點狼狽。常常當我想完成一件事時，那個狼狽有來自於自己內心的掙扎，或來自於其他人的眼光，不過，我都告訴自己沒關係，這種狼狽撐過就好，不能放棄。」

東引的小島老師陳翠玲，給自己的鼓舞，也是多年重心全投入教和學上，所獲得生命教育體悟。「我的辦公桌在窗前，風很大，那麼就在辦公室前空地種一棵楦梧樹吧，風的方向就能改變了。」■

上 戰地色彩在夜晚的東引島稍被隱匿，顯得靜謐又神祕。

下 東引后澳海灘有海蝕洞、海蝕門、海蝕柱等，是觀賞海蝕地形的最佳去處。

走讀地方

前進最北的東引島

東引位於臺灣本島西北方，與日本沖繩島那霸市同一北緯二十六度線上，是國土的極北點，在地理及戰略上具重大意義。曾經，它是役男心中的最硬外島，交通不便，冬天酷寒，入冬時行走於外，真箇人蹤滅，猶如無人島。但如今的東引是連江縣四鄉五島最多軍人之處，也是居民存款最多的島。對外交通便利許多，遊客數卻仍有限，得以保存許多自然資源。

被崎嶇海岸和藍色大海所環抱的東引島，風光明媚又豐富多樣的島嶼自然生態，樸質的漁村色彩與神祕嚴肅的戰地風光交融，喜愛磯釣者在一礁石上可樂處整天，尋花探奇者更能被黑尾燕鷗和紅花石蒜、凹葉柃木等

珍稀動植物完全滿足，觀星、訪史、探聚落、嘗美食，都有東引獨特的樂趣。

島上最著名景點就屬馬管處在后澳岬角建置的觀景臺，刻寫著「國之北疆」的石碑，地上還有北固礁經緯度，為拍照留念的打卡地標。

東引島燈塔、安東坑道、一線天、后澳等，皆相當值得一訪。要提醒的是，東引全島海岸線岩石節理發達，無論到哪一景點，幾乎閃不了爬梯、走坡，腳力可得先好好鍛鍊。另外，如此天然環境美好之處，切勿當環境的破壞者，看著后澳海灘邊一面是壯麗的海蝕洞、海蝕柱，另一面滿布保麗龍等垃圾，猶如在美人臉上畫上一醜陋的傷疤！

營造一個關於澎湖的好記憶

許自由

菊島上的小學老師，
在這裡生活、在這裏與孩子共同學習，
守護這座美麗的菊島，
看蝴蝶自由飛舞、
讓壯麗的玄武岩與豐富的
海洋生態長久聯結。

許自由

澎湖縣湖西鄉隘門國民小學
教師兼任訓育組長，
對家鄉澎湖的自然生態與資產，
透過教育與學習，到實際行動，
讓自己與孩子們齊心為地球多做點事。

有著陽光、沙灘、海浪、仙人掌與晚風輕拂的澎湖灣，是許多人浪漫的菊島旅遊印象。對於在澎湖縣湖西鄉白坑村出生長大，大學畢業後返鄉常年任教於湖西鄉隘門國小的許自由老師而言，澎湖，是成長、生活的家園，是充滿天文、礦岩、昆蟲、植物等的珍貴鄉土，他對澎湖的愛，帶著興趣、帶著贖罪、帶著使命。

從美好記憶的聯結到珍惜環境

初接觸許自由老師，一如許多在海邊長大的道地澎湖人，有著大熱情、小害羞的個性，雖笑著說自己是走諧星路線，但黝黑肌膚的笑容下，也透著經年受東北季風強勁吹拂的堅韌。他在澎湖的地標觀音亭、西瀛虹橋前，不談花火節，忙碌著「澎湖西嶼西堡壘青斑蝶標放研習」的細瑣連繫，因為這研習營的主辦單位：澎湖縣自然學友學會，合辦單位：澎湖縣湖西鄉隘門國民小學、協辦單位：澎湖縣野鳥學會，他可都是其中一分子。

上 相傳小門村村民以堆疊三塊石頭充作石敢當求禱於上天。

下 為家鄉澎湖、為環境保護付出心力，是許自由的日常。

許自由老師與陳建志教授多年來協力推廣青斑蝶標放活動。

大粒汗、小粒汗地忙著，許自由說：「雖然現今資訊很發達，但在澎湖要實際接觸專業資訊的機會還是比較少，一開始我是因興趣參加社團，再藉由社團邀請各方的專家來澎湖，不過一來二往的請專家學者從臺灣到澎湖，如果沒有強力的計畫資源，就需花費許多經費。所以，除了感謝很多外來學者的指導，我也想著我們在地的可以做什麼？」他就趁著一次次教授、專家蒞臨的活動或研習，一旁偷偷學，再把這些轉換成小朋友可以接受的訊息，傳達給他們。如此可以免除受經費與時間限制，隨時可以與在地的學生或民眾交流。

從二〇一三年有人在澎湖西堡壘發現一隻從日本被標放的青斑蝶飛過來後，他就邀請臺北市立大學陳建志教授赴澎湖探勘，也開啟日後每年舉辦的「青斑蝶標放研習」活動，以推廣師生與一般民眾認識亞洲東岸島弧青斑蝶移動的特殊生態。

如此一來，從澎湖縣生物多樣性調查暨保育推廣、澎湖西嶼青斑蝶棲地經營管理研習、沙灘淨灘、海廢再利用到全國中小學科展，許自由帶著有興趣的學生一同參與，讓小朋友以參加活動的方式，明白在自己生活的環境裡，有哪些東西存在。他與學生以「流動蝶口——從澎湖再捕獲青斑蝶分析其冬季擴散的族群變化」，獲得全國中小學科展生物科（鄉土）教材獎，學生也因參展實際參與青斑蝶的捕獲與標放，無論有否標放到蝴蝶，都能了解蝴蝶生態和數量變化等，對這塊土地與大自然更深層了解。

「我把生態中奇妙的東西丟給小朋友，透過這些他們可以去關心、治理環境。因為，生態科學最大的敵人叫冷漠，如果大家都不關心，對於一些不當建設，自

萬物時令

清明穀雨過，海水插牛鞭

過了清明與穀雨兩個節氣後，氣溫回升，天氣變好，澎湖冬北季風開始減弱，海面平靜，不再有變化無常的惡浪，誇張點說就算插上牛鞭也不會讓浪衝倒，這代表著漁民們可以開始出海捕魚。

然不會理會。比如，你和情人每天散步的沙灘，對你而言這片沙灘有著美好回憶，有一天沙灘若被破壞，要蓋個硬梆梆的水泥牆，你自然會有所感，而去爭取這片沙灘不被破壞，保護這片沙灘。」

因此，許自由笑呵呵提到他每天就是想辦法讓小朋友對於生態有感情，帶他們去體驗一些環境的美好，營造一個好的記憶，相信小朋友有美好記憶後，就會去感受，就不容許別人來破壞，自然會想要去保護它。而非拘泥於要學到多少知識？或認識這是什麼蝴蝶？只要當下，孩子是愉悅的。

許自由認為社區營造、環境教育也是同樣道理，就是給人們一個好的記憶，自然就會覺得社區環境是自己的，會珍惜

「西瀛虹橋」又稱彩虹橋，位於馬公市的觀音亭休憩區內。

它，且有著美好記憶的聯結，才會願意去做。

不再破壞就是保護

在澎湖任教二十餘年，許自由帶領著一屆又一屆的學生認識澎湖，希望能讓家鄉更好，但不可否認的，當他自東吳大學物理系畢業，對於是否返鄉？確實也有過掙扎。

「相對於在臺北大都市中，充其量我只是100＋1，甚至1000＋1，但在澎湖離島，若加上自己和鄉親們一起做，戰力可能就提升30%，那回來不是比較有意義嗎？」

念頭一轉，許自由就回到澎湖，從代

課老師到修研教育學分、考黴正式教師，澎湖是家鄉，也成了許自由離不開的地方。

澎湖海邊，是許自由小時候抓魚、抓蟹遊戲玩樂的場域，也是許多澎湖人賴以為生的海域。

「早期，在澎湖一些村民會用臺灣灰毛豆來毒魚，我小時候也就曾搗碎臺灣灰毛豆，把汁液擰到石滬裡，石滬內的魚就會昏厥浮起來，然後就能輕鬆捕撈到丁香魚、花枝、玳瑁石斑等。這是當時男孩們在沿岸石滬相互較量的遊戲，也是村民提高捕撈量的方式，為了生活，當時根本沒有意識到這會對海洋生態造成很大傷害。」

談起這段毒魚過程，許自由雖說是年少無知，也是當時環境生活裡的共同記憶，但他還是有著深深的歉然。所以，他說現今的自己是在「贖罪」，要為澎湖的生態保護更盡心付出，為曾經造成的沿岸生態破壞，彌補更多。

他積極參與澎湖野鳥學會、自然學友學會等社團，擔任理事長等職，為保育宣導舉辦各種活動與研習，包括澎湖南北海離島

上 柱狀玄武岩因海蝕作用形成一個巨型大洞，外觀狀似鯨魚的頭部。

下 澎湖縣西嶼鄉小門嶼西北海岸，屬柱狀玄武岩。

生態、天文、礦岩、昆蟲、植物等探索，讓對鄉土自然有興趣的教師、學生、民眾都可參與。

在生活中，許自由也盡量做到減塑生活。「我不敢說百分百的零塑行動，但我不會買寶特瓶瓶裝水，辦各類活動時我也不提供瓶裝水，事先會告知有提供桶裝水，要同學或家長自己帶杯、瓶來裝水，就算遇到抱怨，也會堅持執行，這就是教育，也是在生活中點滴實行環保。在班上，我則會要求不准出現和使用塑膠用品，這點我是很強勢的，甚至因為要求，會為學生準備好環保餐具，這樣他們就再沒理由使用塑膠吸管了。」

許自由相信從小地方開始這樣一一影響，會形成一氛圍，也會造成一氣場，把影響進而更擴大，而他也慶幸就在這個幸福的環境裡，與學校教職員、學生、社團成員因為共同理念在一起，想做什麼大家一起做，互相支持，為澎湖、為環境保護共付心力。▣

天后宮旁的中央街，是澎湖歷史最悠久的一條街。

走讀地方

在小門嶼看見澎湖縮影

澎湖群島，是全臺最早設治和開發的區域，使得澎湖的人文史蹟分外多樣與深厚，刻著時光痕跡的容顏風韻十足，再加上地質地形、生態資源的豐富與特殊，多年來自成為國人離島旅遊的首選。

旅遊澎湖，天后宮、中央老街、觀音亭、古戰場等傳統常民文化人文景觀，固是值得細訪，澎湖群島柱狀節理玄武岩的奇特地形景觀更是不容錯過。

西嶼北端的小門嶼，這個面積只有0.5平方公里的小離島，其地質地形景觀，是整個澎湖群島的縮影，可說是一「活的地形教室」，尤其是著名的鯨魚洞，有著各式傳說，或悲傷、或象形，吸引著許多人到西嶼旅遊時必會到此一遊。

沿著步道來到熱鬧的小門村，小管麵線和風茹茶幾乎是家家店鋪必賣，哪家口味好？各有擁護者。吃飽喝足，從美食商店街沿著步道走，左邊是小門嶼遊客中心與「小門地質探索館」，可入館參觀澎湖的玄武岩地質導覽。

直接順著步道走，可走入實際的景觀與地質。小坡上，可看見駐守小門村的交椅座式五營，及由玄武岩塊所堆集而成的塔形石敢當。這是小門村的宗教地景，也說明了早期澎湖移民因地理環境特殊、凜冽東北季風下的艱困，特別崇鬼信神。澎湖石敢當的數量位居臺灣之最，造型也相當豐富，構成了澎湖一道獨特的風景。

接著小門村最具特色的自然地景：玄武岩特殊地質地形、海蝕拱門、菜宅、草原生態景觀，一一毫不保留的在視野中擴展，觀潮聽濤間，澎湖故事盡在其中。

嘗試突破同溫層，讓人人擁有海洋DNA

賴威任

對於環境，更多的關注、認識，
是可以更清楚的判斷。
溝通跟對話是很重要的力量，
用創新的方式去試著拉近
我們與海洋環境的距離，
一起維護臺灣美麗的海洋。

賴威任

和太太江珮瑾共同創辦「孩好書屋」，
對臺灣鯨豚研究甚深，
長期關注與關懷海洋議題、
環境問題，
為孩子營造更好成長環境。

一則臉書貼文：「壯壯老闆放暑假，蹦蹦跳跳的他很難一直待在店裡顧店，書店即日起調整營業時間如下：每週五、六、日十一時～十八時，其他時間歡迎來電預約，感謝大家的陪伴與支持。」

是什麼老闆、什麼書店這麼任性？一週只開三天？是花蓮「孩好書屋」。這則貼文正也點出書屋成立的起源：孩好書屋是一間陪伴孩子一起成長、為孩子營造更好的成長環境的書店。賴威任與江珮瑾夫妻倆共同創辦此書屋，他們認真中帶著笑容說：

「壯壯才是老闆，賴威任是長工，江珮瑾只是老闆的娘啦！當我們有了小孩後，就會想如何可以陪伴他成長？如何把好的環境留給他？所以我們一起營造了這個空間。」

為了給孩子壯壯一個朝向美好的生活環境，他們共同創立「孩好書屋」，以提升社會大眾環境意識為營運核心，十年下來，除了主題書展、讀書會，以一場又一場的紀錄片講座、藝術展演、田野調查、淨灘等等相關活動，來推廣環境意識，增加大眾親近海、親近自然環境、理解多元文化的經驗。

為了把更好的環境留給孩子，賴威任與江珮瑾夫妻共同創辦孩好書屋。

多面向關懷海洋生態

賴威任來自臺中，江珮瑾來自新店，是島內移居到花蓮的新住民，兩人皆長期關注社會、環境議題，因共同參與搶救七星潭行動相遇、相戀、成家。賴威任從事黑潮海洋文教基金會志工到轉任專職，成為資深解說員、擔任主任，受黑潮創辦人廖鴻基老師的觸動，開啟與海洋的親近與熱情，在花蓮一步步推廣保護自然環境、海洋資源等，他對海的感情，是內化在日常生活的實踐中。

當他決定開書店時，店內選書自以鯨豚、海洋、生態、環境、友善環境、多元文化教育、繪本類為主。

「在黑潮海洋文教基金會就不斷接觸跟海洋相關的議題，我自始至終也無法忘懷對海洋生態的熱衷，所以，成立書店時，海洋生態仍會是我最關注與想要擴展的層面。也許我們可能比較沒有辦法像以往一樣衝第一線去抗議，但我想用另一種方式投注於臺灣的環境教育，於是成立書屋，這也讓我的角色更有彈性，可以跟更多人用更短的距離面對面接觸跟交流，用各式各樣的活動，來推動環境教育、食魚教育。」

在書店有限的空間裡，賴威任希望它不同於一般書店是帶著特殊性的，有著書店主人的個性。太太江珮瑾以前是社工，店裡不乏教育、性別、文學等書籍；一樓主要用於展示書，其他樓層空間則做為閱讀或活動所用，二樓有一些跟海洋相關的書籍，是他自己長年的收藏，在市面上已是少見或是絕版書，部分書籍他只提供在店內翻閱，不對外販賣，就是希望能有更多人接觸到這些書籍，讓知識拓展。他歡迎願意閱讀的人都來到書屋，只要學校或學生願意，他也會把自己珍藏的海洋書籍提供到校園，一段時間後再去收回。

「只要他們有翻書，就影響到一個人。」賴威任是這樣帶著唐吉訶德般信念地在做著。

上 孩好書屋是一複合式藝文空間，舉辦各種讀書會與講座，同時販售飲料輕食、手作雜貨。

下 孩好書屋選書以友善環境、多元文化教育、東臺灣研究、文學、繪本為主。

孩好
69之1

金漫獎

賴威任透過有關環境議題的紀錄片放映與講座來與更多人交流，推廣食魚教育。

除了較靜態的主題書展，有關環境議題的紀錄片放映與講座、走讀、工作坊活動，這十年來，賴威任在書屋、在校園、在各地難以計數地舉辦過不知多少場，每幾個月還會舉辦食魚教育體驗活動，讓大家觀察漁產如何從產地到餐桌。他會先帶大家去漁市場認識魚、買對魚，再到海鮮餐廳，一同真正進到廚房親手烹煮魚，體驗一條鮮魚從清洗、烹調、品嘗到收拾的過程，希望透過活動的安排讓大家去了解我們需要這條魚，但你應不應該吃牠？而若你要吃牠，應該帶著崇敬的心。

賴威任特別提到，「魚對我來講是很特別的，一般我們吃雞、吃豬，不會親自宰殺，但是對於魚，我們是會活生生的去觸碰宰殺這件事。因此，我希望用價值，讓大家以很實際的方式去了解到食魚教育。」

他提醒人們不要花大錢滿足口腹之慾、不分青

萬物時令

小雪小到，大雪大到

諺語裡所謂的「到」指的是烏魚，小雪時節，烏魚群會慢慢進入臺灣海峽，到了大雪時，大批烏魚會沿著臺灣海峽向南迴流，西部沿海匯集數量眾多的烏魚。

賴威任努力讓更多人了解各個魚種及其生長環境，知道怎樣吃才不會破壞生態平衡。

紅皂白的狂吃海鮮，讓「海鮮文化」凌駕了「海洋文化」。期待自己推廣的食魚教育能讓更多人深刻了解各個魚種及其生長環境，傳遞出怎樣吃才不會破壞生態平衡的資訊。

只要有心解決就能想到辦法

賴威任和海洋、鯨豚從黑潮結緣，自此彷若成為他的DNA，可以一個人跑去七星潭淨灘，太太江珮瑾說他從以前還沒結婚到現在，去海邊玩，常是空手出門，不知不覺就撿了一袋垃圾回家，或在世界地球日，以淨灘來表示對環境的感謝。也會不時帶著學生去海邊淨灘，看看消波塊間堆積的吸管、食物包裝袋及免洗餐具、菸蒂等垃圾，讓更多人了解海岸及海洋垃圾的現況，並且探討人為活動對海岸環境的影響，深思我們做了什麼讓海洋環境不斷惡化？

為減少海邊垃圾、海洋塑化的危機，賴威任堅持在生活中絕對減塑。「真的很難理解，一根小吸管，為何大家也可以吵這麼久？如果你知道它對環境的傷害，想要解決這件事，就會去思考辦法。以口就杯這件事情，真的不能夠接受嗎？要吸珍珠奶茶不給吸管，給空心菜的梗，可不可以？這些都是方式啊！其實就是你沒有想要解決這件事情，這些創意就不會出現。」

賴威任不免還是覺得對於友善環境大家做得還不夠，希望能有更多人可以在日常生活中實踐愛護環境的作為，時時關注環境議題，不再只限於一群人。孩好書屋讓他嘗試突破同溫層，接觸到了不同族群，這些其實就是他希望能夠影響的人，讓不同類型的人知道自己原先不知道的領域，範圍、人數越廣越好。他相信，環境教育及環境議題就是這樣做起來的，只要大家能實地了解、探討環境問題，從而產生對環境的關懷，浩瀚的海洋、豐富的海洋資源也才能永續下去。■

臺灣海鮮選擇指南

賴威任建議大家可參考《臺灣海鮮選擇指南》紅黃綠標示，學習購買健康又不會傷害環境的魚。

第五版《臺灣海鮮選擇指南》，由臺灣海洋保育與漁業永續基金會、臺灣魚類資料庫與中央研究院數位文化中心共同發布。

海鮮挑選原則：

- 臺灣在地生產的海鮮＞遠道而來的海鮮（耗能）
- 有永續標章或溯源履歷＞沒有標章或履歷
- 底食原則：買食物鏈底層的小型魚蝦貝類
- 不買食物鏈高層的大型掠食魚（汞等重金屬含量高）
- 不買撈捕漁法或養殖過程對環境造成嚴重衝擊的漁獲
- 養殖：以植物性餌料飼養＞魚粉或下雜魚餌料飼養
- 野撈：常見種（量多）＞稀有種
- 體色：銀白色（洄游性魚類）＞彩色（珊瑚礁魚類）
- 洄游種（種類少、數量多）＞定棲種（種類多、數量少）
- 沙泥棲性（種類少、數量多）＞岩礁棲性（種類多、數量少）

● 綠燈　建議食用：資源量尚稱豐富，食用牠們對環境的影響較低。

這些海鮮是可以天天享用的綠燈物種，無論是野撈或養殖海鮮：海藻、文蛤（蛤蠣）、臺灣蜆、牡蠣（蚵仔／青蛤）、九孔、鮑魚、鳳螺、海蜇皮（水母）、櫻花蝦、鎖管、臭肚魚、飛魚、烏尾冬、皮刀、剝皮魚、星雞魚、臺灣鯖魚、竹筴魚、四破魚、圓花鰹、巴鰹、正鰹、白帶魚、洪鮋、東方齒鰆、鬼頭刀、虱目魚、臺灣鯛、養殖烏魚、養殖淡水魚、養殖白蝦

● 黃燈　斟酌食用：牠們的數量較少，撈捕的漁業管理尚未完善，食用牠們當需特別留意其漁法、漁期及產地。

○ 紅燈　避免食用：牠們已遭過度捕撈，族群的數量難以恢復，請盡量避免食用。

樂山者

湯谷明

野外體驗對孩子的震撼是很大的

生態旅遊，是從生活地景，
是回到土地，
從不同的角度來認識我們的臺灣。

湯谷明

綽號「小小」，羽林生態股份有限公司經理，
資深生態講師、導覽員，
二十餘年解說經驗，
帶領大眾深入臺灣各地，
關注生態議題，
著有《聽見馬祖》等。

二〇二二年七月的一則新聞標題「社子島飆全臺最高溫38.5度！」

臺北盆地熱呼呼地！遠山是大屯火山群，站在基隆河與淡水河交匯處的社子島濕地解說小築前，個子嬌小、一身肌膚古銅金的湯谷明，活力充沛地解說著社子島溼地的多樣性生態，給大家一個不同的角度來重新認識社子島。

湯谷明先引導大家用望遠鏡觀察濕地動植物，再帶領大家在蘆葦夾道的小徑走到社子島舊河堤，沿途解說如何分辨有扇形擬糞的臺灣厚蟹和弧邊招潮蟹等，看到血桐、水黃皮、構樹也不忘一一點指出特色。她以宏亮嗓音在空曠濕地中說：

「早年大家對社子島的印象多是比較負面的，好像每逢大雨，再加上漲潮，就是淹水，整個社子島被泡在水裡頭。而政府為保障市民安全，必會做一些設施來防備，像現在站立的地方是舊河堤，基隆河整治截彎取直後，基隆河河堤要再加高，那大家想想，加高真的比較好嗎？這邊加高了，若再有洪水，就會往堤坊比較低的北投、石牌溢流，然後對面是不是又要競相蓋得更高？

上 社子島河岸的自然鳥類生態景觀大有看頭。

下 湯谷明把對生態、環境的熱忱化為實際行動。

所以，我們會提倡應還地於河，堤防不是在原地加高，而是往後退縮一大段再蓋個六公尺高的堤防，中間這個地方就成為人工溼地，都市裡的生物多樣性就會出現了。候鳥會棲息在這，紅樹林生態也有，我們人與生態、人與生物可和平共存，創造一個很好的永續生活環境。」

從地方的地理、歷史背景開始，湯谷明帶著大家一塊來認識溼地，了解我們的生活跟溼地到底有什麼關係？思考我們與生態可以如何相處？

不是只有遙遠的國家公園才需解說員

有人稱讚湯谷明為「上山下海女神龍」，但多數人都愛暱稱她為「小小」，有個男性化的本名，未親見其人時常被誤喊為「湯先生」，卻是位個子雖不高，活力、體力、知識、見識絲毫不讓鬚眉的女性，她長年關注生態議題，是位深受歡迎的資深解說員，現與一群熱愛自然的生態工作者共同組成羽林生態股份有限

上 湯谷明帶團員用心看植物、昆蟲、鳥、蛙與人文歷史等等。

下 以公共議題切入，讓人開始關心環境，是湯谷明改善環境的方式之一。

公司，把對生態、環境的熱忱化為實際行動。

這樣活力十足的她，看似自小生活在自然吧？沒想到她說：「我從小生活在臺北繁華的東區，還是大家口中所謂天龍國的蛋黃區，記得小時候住家附近的延吉街有個大水排，但在我國中時就已經完全消失了。只有到楊梅外婆家時，有跟著表哥抓些小蟲，我對於自然的印象與聯結其實是很貧乏的。直到大學念個農學院農經系，還是個只會吃茭白筍，卻以為筊白筍是筍子的都市人。」

農經系畢業後，她先是回到臺北投身當時蓬勃發展的補教業，幾年下來，獲得極佳成績，她自傲地說：「當時補教界盛傳有一半的天下是我打下的呢。」這樣努力的她，存了人生第一桶金，健康卻有些負荷不了。

湯谷明重新思考生命價值，想著自己的人生就要這樣一直下去嗎？幾番考量，她開始接觸NGO，一個偶然，看見主婦聯盟基金會在徵自然步道解說員，這讓她一頭栽進大自然，完全改變了職業生涯，轉以自然生態解說員為人生志業。

「我踏入解說員的年代，臺灣保育風潮正開始獲得重視，臺灣蕨類教父郭城孟教授創辦臺灣生態旅遊協會，推廣永續旅遊、訓練超級導覽員，栽培一群很在

穀雨，鳥隻做母

穀雨，春天到了，是鳥兒大量交配、繁殖的時節。像社子島濕地、關渡自然公園常見的翠鳥，以捕食小魚為主，繁殖期為每年三至七月。

地的解說員，我也從中受益良多。打破去遙遠的國家公園才需解說員的思維，建立每個人都該有機會認識附近環境的觀念，自然生態應延伸到文化生活層面，永續就在生活裡，從教育開始扎根，讓每個人都能對臺灣土地了解，深入在地，這也是導覽員更廣、更深的責任。」

從保育團體到自己獨立帶團，湯谷明更自由發揮與企劃自己想走的路線和團隊，走到戶外進入山林，帶著大家用心看植物、昆蟲，或是鳥類、蛙類，地質岩脈、人文歷史、部落故事等等。不再限於早期解說教育，純粹認識物種、說說動物植物名的模式，她用公共議題去切入，一團中只要能讓幾個人聽進去開始關心，也就足矣。她始終不忘自己踏入環教領域的願望，希望透過自然生態的解說，喚起大眾對環境的愛惜，謀求以自身力量來改善環境問題。

有朝一日長大的孩子會以萬物生存權為優先

從都市小孩到踏入生態資源調查、環境自然教育、生態旅遊規

上 想看螃蟹不用到海邊，在社子島濕地就可以觀察到多種螃蟹大軍。

下 在社子島濕地可以近距離觀察蟲鳴鳥叫，及追逐水鳥飛舞。

CAUTION

臺北市水利處於社子島濕地設立社子島濕地解說小築，讓民眾近距離觀察濕地生態。

劃等，湯谷明跑遍臺灣鄉鎮與各離島，盡攬臺灣之美，她認為臺灣美在生態、在人文，只要細細觀察、慢慢體會，自可感受到臺灣獨一無二又充沛的生命力。一些遊客匆匆地來去吃喝拚打卡，委實可惜，建議大家不妨放緩腳步，認識這片自己生長的土地。

「所謂的生態旅遊、生態觀察，我會問自己大家來參加是為了玩？還是學習？能不能二合一？我在帶活動的時候，我期待達到的目的是什麼？是為賺錢？還是為教會小孩很多事？」對湯明谷而言，當她帶孩子們到某地進行兩天一夜的營隊，孩子回去後也許只會對父母表達他這兩天一直在玩。「但有朝一日這小孩成為建築師、工程師或政治人物，某地、某田地要被開發、建馬路時，他想起自己小時候曾在這地的記憶，或對他曾在此觀察過的動植物有印象，而對開發案做出思考、

在生態旅遊中親近自然，了解自己與生態環境的關係，學習尊重萬物。

做出行動，不單以人類角度考量，而是以萬物生存權為優先，我的目的就達到了。」

湯谷明在多年的帶團經驗中發現，野外體驗對孩子的震撼是很大的，遠不是課本或電腦影片可取代，近年生態旅行的年齡層也越來越小了，於是她不斷改進帶團解說模式，學習從國外引進的生物多樣性保育教育課程，設計大量的生態遊戲帶領孩子觀察自然，帶大家去玩、去操作，以概念形成與技能導向做為環境教育策略，讓小朋友從小落實對生物多樣性保育的行動能力。

小小湯谷明，以自己小小有限的力量，藉著生態旅遊，讓生命教育、生態教育和生活教育融在一起，想感動一部分人，喚起臺灣在地的生命力，讓更多人了解自己與生態環境的關係，學習尊重萬物，重新認識與熱愛臺灣這座年輕的島嶼。▣

走讀地方

社子島的美麗與哀愁

社子島，沖積平原，社子的一部分，位於基隆河與淡水河的交匯處。長年來受水患之苦，影響了當地發展。各項防洪計畫、開發工程、環境評估，這些年來沒有停止過，卻難以得到眾所滿意的定論，在抗議聲中緩緩行進，這是社子島的哀愁。

而社子島的美麗在於自然生態，與鄰近的關渡自然公園相同，有紅樹林的存在，可發現水筆仔、臺灣厚蟹及網紋招潮蟹等紅樹林特有生物。

現況的草澤環境，茳茳鹹草、蘆葦等遍布，白鷺鷥、蒼鷺、夜鷺、大卷尾、彈塗魚家族不時出現，豐富的濕地生態，讓喜歡研究野鳥生態、觀察蟲鳴鳥叫的濕地環境者趨之若鶩。

臺北市工務局水利工程處於基隆河邊的堤頂上，設立社子島濕地解說小築，館內空間不大，結合了藝術與生態的創意，週末假日也都會有熱心志工駐點，或架設單筒望遠鏡和大家分享濕地觀察心得，也舉辦各式各樣活動和環境議題講座，在這裡可以不同角度認識濕地生態環境。

張菁砡

讓身心靈在自然中流動

自然覺知體驗，
由動而靜、由外而內，
把感官轉化成想法與行動，
重新思考定位人與自然關係，
重建與自然的聯結，
能促使生命有更好的改變。

張菁砡

自然心流學習法推廣講師，
荒野保護協會前臺北分會長，
自然名：鯨魚。

藉由朗讀自然的詩句或尋找色卡相近的顏色，讓心和環境更近一點。

處暑節氣時，炙烈爆陽晒得人們心浮氣躁，情緒已燒到沸騰，人與人間很容易擦槍走火，但隨著「鯨魚」輕緩的腳步、低柔的聲音，一群人步入富陽公園，踏上鋪滿小石頭的地面，漸漸地，彷若打開冷藏庫，涼氣撲身而來。

在公園空地，自然心流學習法推廣講師「鯨魚」張菁砡，引領大家試著閉上眼睛，透過冥想，進入一棵樹歷經季節與成長的情境。

「站在地上，想像自己是一棵樹，歷經夏秋冬春，有雨、有風、有豔陽、有寒雪，樹葉、枝幹、表皮、根系是如何伸展？在冬季惡劣氣候中，不被擊倒、努力生存是何種狀態？春天來臨，生命又是如何逐漸復甦？以感官學習，具體感受一棵樹的存在、經歷樹的世界與成長，也試著把自己放空、放鬆下來。」

張菁砡緩緩的語調，讓夥伴們不是從人的角

學習觀察我們身處的環境，體會萬物都是朋友，是張菁砡給大家的提醒。

度，而是能換位思考，打開感官感受樹的生命、聆聽樹的聲音，以學習觀察我們身處的環境。想想是不是這些樹調節了氣候，使夏天變涼快、冬天也因它們的遮蔽而能抵禦酷寒？進而體會萬物都是我們的朋友，為我們提供了眾多服務。

這時，若還有一息躁氣未熄，張菁砡取出裱褙好的A4紙張，上面印著取自美國國家公園之父繆爾、梭羅等人有關細品自然的語句，每個人各自朗誦著，身心的燥氣神奇地即刻被熄滅，彷若已步入略帶秋意的白露節氣中。

這是張菁砡推廣的環境教育，用身體感知環境，敞開心迎向自然，產生和諧寧靜的關係。因為人類本就是大自然的一部分，這塊土地不是只有人類，人和其他動植物是共存的，能夠視世界萬物為親族，保留他們的空間，是人和自然共生該有的智慧。

讓感知體驗轉化為生命覺知經驗

兒時在新竹客雅溪畔長大、玩耍，自由奔放於田野裡，張菁砡認為那是自己生命中最快樂的時光。中學後來到都市，落腳於不斷蓋房子的永和、內湖，在日復一日固定重複的工作、不斷加班中生活無味，這種種都讓張菁砡感到不對勁，想回到可以看到天際線、感受到四季變化的地方。就算加入環保團體、積極參與環境變化與河川汙染等環保議題，也為了孩子更注重飲食安全健康，去對土地、栽種法深入了解及參與，心中卻感到越來越困惑與無力。

一九九七年，看到一報紙版面介紹倡導體驗自然理論的美國自然教育學家約瑟夫．柯內爾（Joseph Cornell）在陽明山舉辦的活動，觸動了張菁砡心中的某個角落，她推著娃娃車參與了該次順流學習法的體驗。回想起那一次的體驗，她仍語帶嚮往：「我永遠記得那時在森林裡的感覺，非常寧靜、清澈，就算當時旁邊有很多人在一起，心仍非常寧靜，熟悉又陌生，那座森林是陌生

想像自己是一棵樹，體會樹的世界與成長，也把自己放鬆。

樂山下　張菖硭

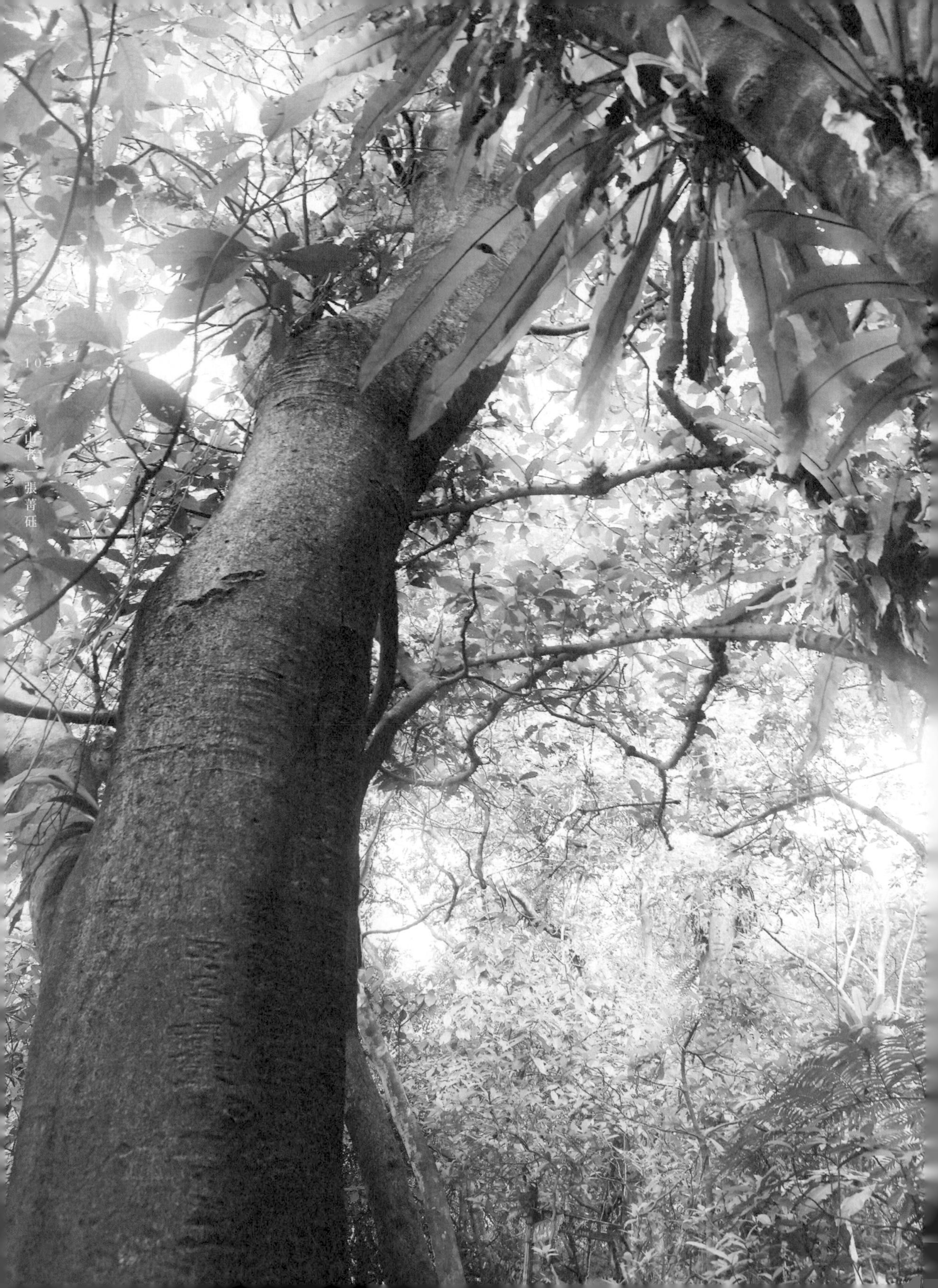

的，卻有一種熟悉親密的感覺。我覺得那才是真的，當下就決定退休後要做這件事。」沒有等到退休，活動結束後，她就買了書，開始帶著孩子參與這種體驗式學習，「我希望給孩子一個在自然裡快樂學習的成長環境，回歸自然也抒解我心底深處的鄉愁。」

從號召女兒幼稚園家長，到居住地的社區鄰居，張菁砡開始每個星期帶孩子們在自然裡體驗及學習，享受著和孩子在自然裡快樂的學習，繼而參與組織荒野親子團，特別強調父母要參與陪伴孩子共同成長。她為讓家長能投入也享受，就也設計些適合大人的活動。二十年過去，張菁砡知道自己的堅持是對的，現在不僅小孩，連家長們也都有自然缺失症；在陪伴小孩的過程中，家長會開始追尋自己的生命，這是一個親子共學的機會，在探索自己中彌補童年的缺失。

張菁砡也在梳理人類發展脈絡中，發現我們的生活模式很大部分是受到教育影響，她開始反思教育缺少什麼？也調整自己從事環境教育的方向，不再停留在解說與知道層面、不限於書本概念與淺層體驗，進而推動「綠色走讀行動」。她倡導在自己住家附近走讀，在生活裡認識環境，未必非要到大山大水、或登頂越洋才會產生聯結感。吸一口氣，也可以想想自己是在空氣裡，讓自己的內部是關心周圍的，這就是在做聯結。

萬物時令

覺與察
與天地萬物感應共鳴

春覺 萌動
夏察 開展
秋品 潤養
冬知 韻律

莊子：「天地與我並生、萬物與我為一。」

樂山者—張菁砡

張菁砡以自身的經歷提點大家：當我們開始探索及感知自己的生活、成長空間，檢視生活，就會知道萬物皆有靈，對待身邊的所有生命就該像對待家人一樣，這些若能動態理解與行動，善的循環就會回到生活。

對生命的關懷在方方面面的共存

張菁砡在擔任荒野保護協會臺北分會長時，推動公園生態化的運動，針對都市自然棲地保育，提出：「水泥零成長，綠地零損失」、「主動保育、低度干擾」、「創造多樣性的生物棲地」等等訴求，進行政策遊說與倡議，期望能讓都會區擁有一方自然萬物孕育生機的生態樂園。

「過去，一般都以人做為中心，思維裡沒有其他植物、動物的生命，不會思考人類其實只是生態系統的一環，人類應學習從生態的角度觀看、省思我們的生活對環境及對其他生命的影響，了解所有生命的存續，皆仰賴生態系統的健全與平穩。」

萬物皆有靈，對待身邊所有的生命，要像對待家人般。（圖片提供：張菁砡）

張菁砡也以《西雅圖酋長的一封信》，這被公認為環境保育的代表性聲明，來說明人與土地、萬物密不可分的關係。我們的生活承蒙植物、動物供應，該當把萬物視為自己的手足親族，是地球生命共同體的概念。人類是不是應該有些自我節制，或可以學習以更友善的方式對待動植物。

從這樣的思維角度擴展，張菁砡也想提醒大家想想住在臺北動物園裡的動物。她反省自己過去或稱為環保人士，卻會認為不要去動物園或不要去有動物的展場，就夠了、就是一種態度了。

「我大大錯了！這些動物是因為我們人類的需要、想要才來到這裡，才會被關在這裡，動物園裡不是牠們原來的生活，牠們失去許多自由，從可以自由覓食變成有節制、人工味且重複的食物，那我們是不是更有責任要去照顧這些動物？而不是眼不見為淨就算了。」

於是，張菁砡開始轉向倡導在動物園裡也可學習尊重動物，善待生命、認識牠、理解牠，試著從牠們的眼睛看世界、用動物的方式跟牠們當朋友。在戶外教育裡她努力做到親生命的學習，推廣動物園禮儀，加把勁在環境教育裡推動透過理解和想像力、用心觀察體驗，以同理心反思跨物種的互動模式，以更對等的跨物種接觸，來達到友善、尊重萬物共存的美好。

張菁砡期許眾人與自己都能多想想，我們周圍所有的生命是如此努力的生存與支持著人類的存續，每個人若都有這樣的感知與覺察，時刻與萬物生命進行著交換、彼此支持，我們將不再被無助感侵擾著，生活將處處充滿感恩。▣

用動物的的方式跟牠們交朋友。（攝影：Yang Yu）

走讀地方

都市中的森林 富陽自然生態公園

從捷運麟光站口出來，轉個彎就可來到富陽自然生態公園，這被周遭公寓大樓包圍的公園，出人意外的並非是幾壇人工種植小花草夾雜著兒童遊樂器具或休閒器材，扎扎實實保有豐富的自然棲地樣貌。

這個占地3.8公頃，自日治時代就做為彈藥庫的所在，直到一九八八年國軍撤出，歷經荒置數年才得以規畫為公園用地及復育維護，長久的軍事管制，隔絕人為干擾，反而讓這座低海拔山谷留存幾乎百年不變的生態景觀，林相豐富外，保有

生物多樣性，是個珍貴的都市綠地、生態樂園。

其中，斑駁殘留的軍事遺跡低調可見，涵洞、碉堡多被綠色植物大軍包圍，姑婆芋、相思樹、香楠等，成了臺北樹蛙、大赤鼯鼠最好的保護色，只有在蟲鳴、鳥啼、蛙叫聲不絕中，洩漏了這片公園原來藏有如此豐富動植物的秘密。

今日的富陽自然生態公園，分為生態溪流復育區、大赤鼯鼠觀察區、臺北樹蛙觀察區等八大主題區，不時可見有人停下腳步看看溪邊、腳旁的動植物，但切記與野生動植物保持距離、不要破壞生態平衡、不打擾森林中的居民。

包山包海

馬中原

凝聚海與山的「高山部落」智慧

向森林學習，讓自然來導引我們，
回到大自然與每個人的聯結，
鍛鍊生存的能力、找回遺失的五感、
學會尊重生命。

馬中原

海岸布農的第三代，
高山森林基地創辦人，
將布農分享精神、山林經驗，
轉譯為獵人文化的體驗。

一聲聲響亮的布農族打招呼語「Mi hu mi sang」迴盪在林間，再循著不遠處有著木頭敲擊聲與獵槍擊發聲的方向，正是高山森林基地迎賓廣場。高聳的大樹中，藏著半月型的石穴，腰配彎刀、佩戴布農族傳統頭飾的馬中原，以一首激昂嘹亮的布農族古調，為高山部落遷移開疆的故事展開序幕。

他訴說著祖父馬大山，率領族人遷往高山民族從未見過的海洋之畔，找到花蓮豐濱鄉磯崎村這塊森林茂密、物產豐饒、土地肥沃之處，遂落腳安居於此地，造築了第一群在海邊生活的「高山部落」，與原在此生活的沿海部落阿美、撒奇萊雅、噶瑪蘭，還有客家、閩南等族群比鄰而居，成為下海的「海岸布農」。

馬中原精心設計這場帶著歷史與文化內涵的迎賓式，目的在於提升部落旅遊層次，讓遊客不只欣賞表淺的歌舞表演而已，他語切意誠地表達：「大家既然來到這邊就是家人，踩在這全部都是歷史遺跡的黑色土上，請帶著文化的眼睛，認識融入在地文化的脈絡與祭典，且互相尊重。」

透過各種森林體驗活動和探險治療，可更了解土地。

生態平衡和永續教育的獵場倫理

高山森林基地共同創辦人馬中原，他的祖父從島嶼中心南投的高山，遷往島之邊境花蓮磯崎村，在這海之畔、不是很高的山中，遷移聚集幾戶族人成為「高山部落」。

求學、空軍士官長退伍後，年已不惑，在城市闖蕩多年，馬中原回過頭來看見家族脈絡延續的斷層和原住民的困境，興起了回家的念頭，創立高山森林基地。他不僅想重回大自然懷抱療癒自己，也想透過各種森林體驗活動和探險治療，讓更多人能了解這片土地，與自己的內心更加靠近。

馬中原拿起一組高山森林基地最新開發的「MamanganDIY獵人分享刀」，一邊親手以美規傘繩編刀，一邊說著為何要開發設計這把刀，它結合了傳統布農族對刀的情感，與獵人將狩獵回來的動物分享給族人的文化。

「國外的刀多是功能性、屠殺式，沒有倫理；臺灣原住民的刀不是只有獵殺，包含很多智慧，只要是山地原住民刀型幾乎是

上 一把獵人分享刀包含了傳統布農族對刀的情感，與獵人狩獵文化。

下 高山森林基地提供露營空間。（圖片提供：高山森林基地）

高山森林基地

高山森林基地備有部落媽媽風味餐供體驗者享用。（圖片提供：高山森林基地）

半月彎刀，弧度、重心設計都是為快速戰鬥用。對布農族而言，刀是配件，更是精神象徵。」

馬中原指的是獵場倫理，包括森林生態平衡和永續教育。他指出在布農族語裡沒有「獵人」這個詞，會以Mamaʾngan來稱呼，意指「刀鋒般一樣銳利的人」，就是指在獵場中最厲害的人。在部落中，若說你是我們最厲害的，不是武力厲害，也不是最會狩獵，而是最溫柔、最樂於分享的獵人，所以布農的刀叫分享刀、捍衛刀；另外一種Mamaʾngan，是我使你更好。一個是我是最厲害的，另一個就是我雖然不是最厲害的，但是我使你更好。這樣的族群意識也反映了布農族是群體共生，沒有英雄主義。

馬中原期待藉由這把刀，積極輸出獵場文化與科學智慧，讓獵場重新被教育定義，讓獵場是可親近的。

「沒有開鋒的刀，我們以海邊的鵝卵石來磨，這是種靜心的過程。當國外用瑜伽或冥想，讓人找到更棒的自己；我們為何不可像布農族般進入山裡，用磨刀來安靜自己？為什麼不能用在地文化進行療癒？把刀慢慢磨利，要花心思，更要儲備能量、要留空隙，這不就是找回自己的過程？」布農族獵人的精神與教育是分享共享，在山林要共生，與其說是征服山林，不如說是在山林過生活，這些都可說是大自然環境教育。

沒有年月，只有月圓月缺

原住民本就是在自然裡生存的民族，馬中原舉例說，在布農族的歲時祭儀裡，沒有年月，只有月圓月缺，月缺時等待，月圓時大自然的磁場變化，植物長得好，

萬物時令

布農族的年與祭

在布農族傳統裡，Tastuhamisan（一年）分為兩個季節，分別是 Hamisan（冬季）與 Talabal（夏季）。秋季中旬後，Hamisan 開始，可以墾荒及播種小米。春天中旬到秋季中旬間即是 Talabal。

就舉行祭儀與收穫。獵人需要安靜、謙虛，有謙卑的胸懷與敬天畏地的精神，才有資格被稱作Mama'ngan。

「在狩獵的過程，獵人需先預備與練習、需觀察森林裡的安全、需解讀天候等自然環境，還要懂得安靜，把自己拿掉，融入於整個自然中。在動物被捕獲後需獻上祭詞，感謝牠們滋養我們的生命、讓生命循環不息。長輩會說：動物我看到你，意思就是神給的，小的放過，雖然拿起了刀，但不能虐待大的動物，要用最好的獵刀來結束牠的生命，而且眼睛要看著眼睛，這是慎重與尊敬。」

從獵人文化，到刀身、刀鞘、力學美學與編織，馬中原以這把刀呈現海岸布農來到太平洋岸邊後，融入各族、借取各族的工藝智慧，也是高山森林基地一直在努力的在地結合，在歷代原住民文化的演變與捍衛中，加了其他文化，跨文化的呈現傳統價值與內涵。

在大眾流行的原民文化與旅遊中，多著重於在學習原住民尾端的印記術、射箭、撒八卦漁網、唱歌跳舞、搗麻糬等，卻少有

上 學習用布農獵人的角度，認識布農族崇敬的森林。

下 狩獵需先預備與練習，更需要解讀自然。

戴上在地文化的眼鏡，聽、看部落故事。（圖片提供：高山森林基地）

考究尾端技術最前面的源頭，忽略了源頭包涵的生活哲學。高山森林基地創辦時，馬中原就一心使力於開發那源頭。

「我們不走現在流行的追傳統，是要從傳統感動中走出去，長輩們在九十年前就做了最好的示範，從山裡走到海岸，謙卑融入大家，沒有獨我的概念。每個都擁自己最厲害的專業，但是去分享。」

回來吧，部落在這邊等你

高山森林基地有兩個核心，就是森林體驗和部落體驗，強調文化跟自然結合，是關注源頭、心靈成長的體驗。透過原住民在大自然裡的結合，可以找到一個管道，那就叫做「實戰」，馬中原認為這不是大專教育在課堂上講的自然生態教育可

讓孩子向森林學習勇敢，打開五感接收大自然的禮物。（製作・提供：大逆光影音製作）

比擬。

「原住民有部落、潮間帶、海洋、山谷、溪水、土地，是何其珍貴幸福，原住民在部落裡世代生活，工藝、美學、生命，所有的五感體驗與冒險都在裡頭，這些技術背後的系統與聯結是最好的。」

現代社會快速跟快速間已經完全沒有空隙，最新的東西永遠追不完。馬中原在時光似較緩慢移動的森林裡慢速地說：「只有原住民在山川部落裡保有自然生活的能力，這和現在社會有著極大差別，一個是多麼快速，一個是幾乎就停在那不動。現在社會需要找回過去，人們終將會停下腳步，回過頭來保有自然，這是原住民在這個地方的珍貴價值，在多元文化裡，保有自然共存的能力。」

站在高山森林基地勇氣石上，馬中原眺望太平洋，懇切地呼籲：「回來吧，部落在這邊等你，回來吧，我們有森林，回來吧，我們有海洋！」

回來後，把原住民文化放在中間，會得到休息跟再出發的勇氣。■

走讀地方

高山森林基地沉浸式體驗

「高山」是部落名，在花蓮臺十一線旁的磯崎村，少少的海岸布農族人安住在這裡。從爺爺輩就來到磯崎村的布農族人馬中原，與具臨床心理師、亞洲體驗教育學會正引導員資歷的璽哥，共同創辦了高山森林基地，是一個以聯結土地、發展部落產業為目標，運用原民文化元素與生態心理學知識，開發體驗

（製作・提供：大逆光影音製作）

活動、餐飲、露營等，聯結人與自然的體驗園區。

在找獵人的文化體驗中，強調獵技與智慧的聯結。走在森林小徑，不時有路倒樹幹和滿布青苔的石頭，這是老巫師和獵人走過的路。導覽員低語著這裡的故事，引導大家靜靜去感受森林的一切，動物聲、落葉聲、風聲都清楚起來。走到一條小路的盡頭，前進一步即是山谷，視線豁然開朗，是太平洋的浩瀚鋪展在眼前，踩著不長的木梯爬上勇氣石，海洋、海岸線、海岸公路與群山、部落清晰同框，這是老獵人的祕境，都市菜鳥站在孤石上霎時有點巍巍顫顫，一股亙久的時空歷史感穩定了雙腳與心情。

攀爬上那高挺的百年雀榕，體驗從樹梢的高度看不一樣的森林、尋找老鷹的家，離開地面、放手往下墜的瞬間，都是一種冒險治療與勇氣自信的培養。

林玉妃

帶孩子先從吃開始認識植物

在部落，與族人共同努力推動
孩童的族語教育，
發展噶瑪蘭的文化與藝術傳承，
並積極於里山里海的環境保護，
是海洋民族的性格。

林玉妃

花蓮縣豐濱鄉新社國小族語專職教師、
「新社噶瑪蘭八個傻瓜有機農作田區」
傻瓜農夫之一，
在部落推動噶瑪蘭族的語言和文化。

被許多飛魚圍繞的獨木舟破浪而出，船上載著魚筌，象徵噶瑪蘭族的河海文化。

全臺唯一噶瑪蘭族小學，也是教育部訂的永續校園，隔著公路遠眺青蔥海梯田、蔚藍太平洋的新社國民小學，位於花蓮縣豐濱鄉。校門一側「新·社·國·小」四個色彩鮮豔的大字上，各有部落動、植物的圖象，在海岸公路上相當搶眼。如此夢幻的海岸第一排小學，羨煞就讀都市灰色叢林中的學子們。

走進新社國小，原民的圖騰與色彩設計於教室建築，一艘狀似破浪而出、船上載著魚筌、被許多飛魚圍繞的獨木舟，於大門口相迎。新社國小族語文化課老師林玉妃，娓娓道起這艘獨木舟帶著噶瑪蘭深厚的文化意象：「新社國小是噶瑪蘭族語言文化的傳承基地，獨木舟船首朝向北方，是對家鄉、對噶瑪蘭文化源起地宜蘭的盼望。噶瑪蘭族特殊的河海文化，也以獨木舟與魚筌這些傳統工藝繼續流傳，提醒孩子：我們是海洋民族。」

透過校園造景與藝術，薪傳噶瑪蘭的文化使命，讓孩子自幼就學習噶瑪蘭族語。近年來，林玉妃指導與陪伴學生們參加噶瑪蘭族語文學獎、全國原住民族語單詞競賽、全國語文競賽噶瑪蘭語情境演說與朗讀、族語認證等，皆獲得極優秀的成績。每每看著孩子們穿著噶瑪蘭族的族服，在眾人前自信地說著母語、創作著噶瑪蘭族語作品，林玉妃心中只有感動。

「謝謝祖靈帶領著新社國小的師生們，實踐噶瑪蘭族的語言和文化，一起打造族語友善校園，我們會繼續學習、傳承噶瑪蘭kebalan的文化和語言。」

把荒廢的田種好、把族語傳下去

林玉妃老師，是新社國小族語專職教師，在學校、部落為學生們上著族語文化課與食農教育課程。同時，為著不讓母親留下的土地荒廢，和先生龐榮華、原本當心理師的弟妹宮莉筠及幾位族人成立「八個傻瓜」團隊，以非專業農夫的身分，憑著愛部落的心、傻瓜的勇氣，在新社打造「八個傻瓜有機農作田區」，延續老人家農耕的精神，採用不用農藥、不施化肥、友善的方式種植水稻，維繫部落傳統農耕文化及維護純天然無毒的土地、海洋環境，讓孩子認識祖先務農過程。

她和幾個傻瓜們相信：把田種起來、把部落產業帶起來，年輕人就願意回來。

林玉妃，是過了不惑之年後才開始鋪展全新人生。大學畢業，在花蓮慈濟醫院婦產部生殖醫學中心擔任技術員，且攻讀屏東科技大學管理學院農企系碩士班，安穩的工作日日如常，沒什麼不好。但有一天她忽然意識到：

「怎麼我爸、我媽都走了？外婆也走了，我卻什麼東西都沒有為他們做，這感覺好失落啊！我是整個部落養大的孩子，這麼說不是因為我家單親，而是在部落裡，小孩是大家的，我常常去各家吃飯，受到很多長輩照顧。當我要到臺南上大學時，離開部落的那天早上，許多阿公阿嬤都在公車站牌那送我，口袋被阿嬤們塞了很多東西，就如同以前男生要去當兵般盛大送行，學費也是部落共同起會才有著落，這樣的情感讓我無法忘懷部落。」

於是，林玉妃辭掉慈濟醫院長年專業的工作，回到部落與先生一起務農，通過噶瑪蘭語測驗高級類認證的她，也一心想把噶瑪蘭族語言與文化傳下去，開始新社國小的母語教學。

上 新社國小致力於香蕉絲工藝文化的保存。

下 讓學生從吃開始認識植物，懂得運用部落現在的資源，且日後具有謀生能力。

林玉妃一心想把噶瑪蘭族語言與文化傳下去。

她克服生活上的改變、克服長輩對她放棄大好工作回來的質疑，她不斷研習加深自己在文化、課程的技能，再去多學習語言、歌謠等，告訴自己：「先做吧！讓小朋友跟著我一起去做、一起學習。」

學習在部落生活的技能和語言

幾年過來，林玉妃為了讓學生了解餐桌上的飯是怎麼生產製造的，她會帶學生到田區體驗打米，從人工篩米到觀察機器碾米，認識打米的過程，透過實作體會每一粒米的珍貴。再利用打好的糯米、糙米培養酒麴，入甕放置後，製成噶瑪蘭祈福儀式中不可或缺的傳統糯米酒isi。

她也會帶著學生在生態池觀察樹蛙交配、撿福壽螺去餵鵝，或在部落巡禮中，讓小朋友實際練習用族語向部落長者問好、交談，也沿途介紹植物和水源利用知識、思考溪流生態保育的重要性。

走到操場邊的小池，她指著一棵桿上、葉背都滿滿是毛的植物，說這是在部落消失已久的「毛鞘蘆竹」，前兩年才重新找回並在部落復育栽種。

「早期噶瑪蘭族傳統祭典中，部落巫師都會用毛鞘蘆竹作為祭儀的法器，巫師看到毛鞘蘆竹的細毛上有水珠停留，就代表祖靈來到現場。可惜因為環境，這重要的民俗植物在部落絕跡多年，前幾年聽說有人在北部山區看過、找到過，於是在各方幫助下再度上山去，終於找回來，並復育栽種在新社部落，一棵就種在新社國小，尋回族人的傳統記憶和文化。」

萬物時令

每年三、四月是噶瑪蘭族出海捕飛魚的旺季，於出海捕飛魚前，先舉行海祭，祈求收穫與祖靈庇佑。祭典日期、期程每年由頭目開會討論，再行公告。祭典當日上午，部落長老在海邊祭祀祖靈，準備妥豬心、豬肝、里肌肉獻祭給海中之靈與祖靈。年輕男子則乘上竹筏，揣著漁具入海捕抓魚蝦，有了漁獲，上岸在岸邊烹煮豬肉、魚蝦與野菜，與族人共食後完成海祭。

新社國小前噶瑪蘭傳統族服壁畫。

這些都是林玉妃執教文化課程的內容，帶學生認識部落文化、植物、生活、技能及語言。

「我想讓學生知道，在部落的生活技能和語言，讓他們在這裡生活，懂得運用現在的資源，然後去做，日後具有謀生能力。且希望能夠喚起他們對部落生活的記憶，有一天可以回來繼續做像我們這樣子的工作，這也是對於整個環境的照顧。」

林玉妃不會對學生闡述太多歷史過往，祖先遷移過程的悲情與苦難，都已經過百年，課本上有提到就足矣，重要的是現在讓大家能在部落生活。

毛鞘蘆竹是噶瑪蘭族祭儀的法器，消失已久，現復育栽種在新社部落。

KINGO

她在學校教學的方式就是帶他們去認識植物，對植物的介紹著重於哪些植物可以吃？哪些不可以吃？不可以吃的植物可以應用在什麼地方？什麼植物又可以做為編織、當作柴木、或蓋房子？

一棵構樹，林玉妃與學生一起吃構樹的雄花穗、用構樹樹皮製作布和紙，也用構樹的葉子當作培養酒麴的工具；部落中處處可見的月桃，則以月桃的莖、葉、花提煉出香氣四溢的月桃純露，做為化妝水、擴香或加在水中飲用。她認為讓學生知道植物的運用，周遭環境中又有哪些植物可以運用，會讓他們對植物有新認知與體驗，進而去了解這植物，就會去珍惜。也讓學生們思考：若傳統植物不能再應用時，我們又可以為它做什麼？

就是這樣，一群部落的孩子與大人，唱著噶瑪蘭族語歌謠、做著噶瑪蘭族的糯米酒與香蕉絲工藝，在新社默默地傳承噶瑪蘭文化。■

上 在新社國小各角落都有著噶瑪蘭族族語與文化的標示。

下 花蓮新社國小是全臺唯一噶瑪蘭族小學。

zani'
包山包海 林玉妃

sabaq · paaz · panay

ilas · felac
Razing · tamod

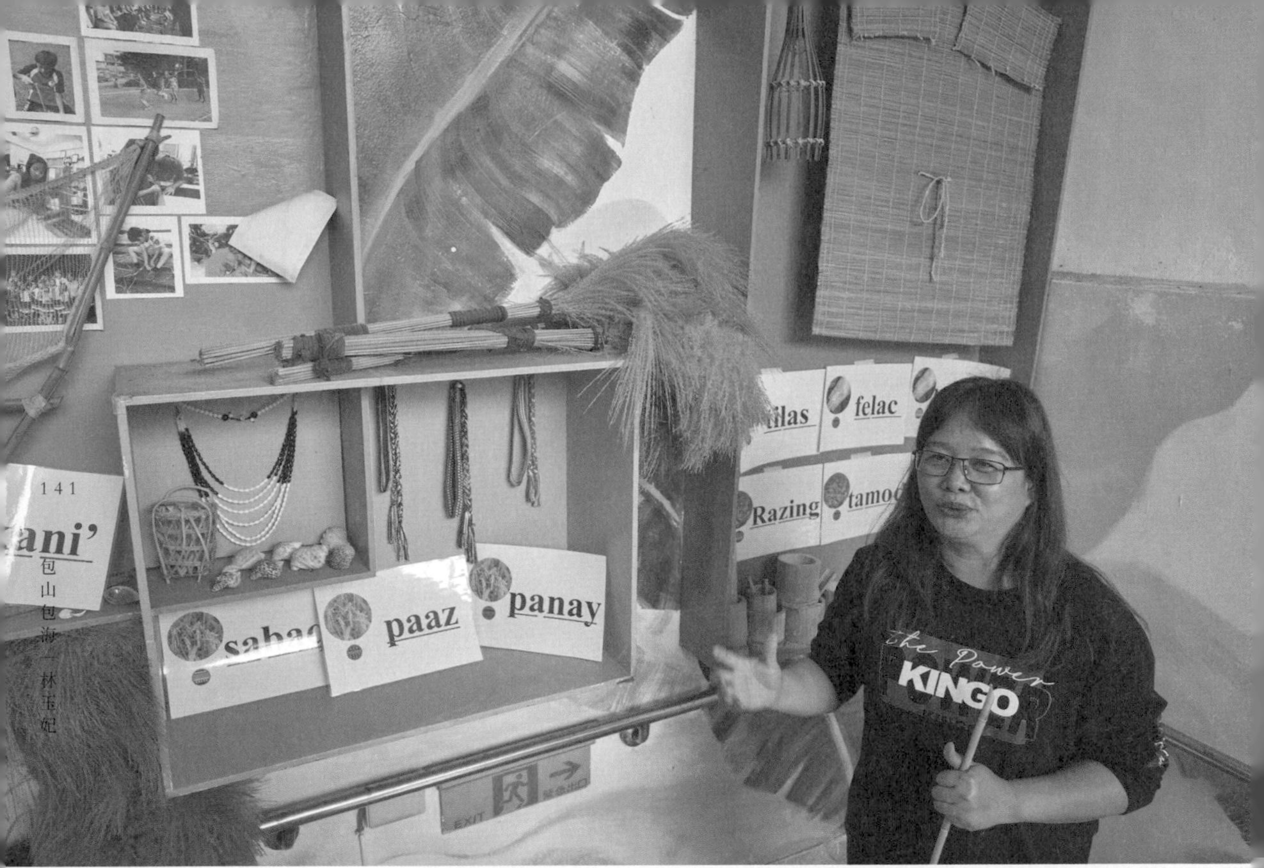

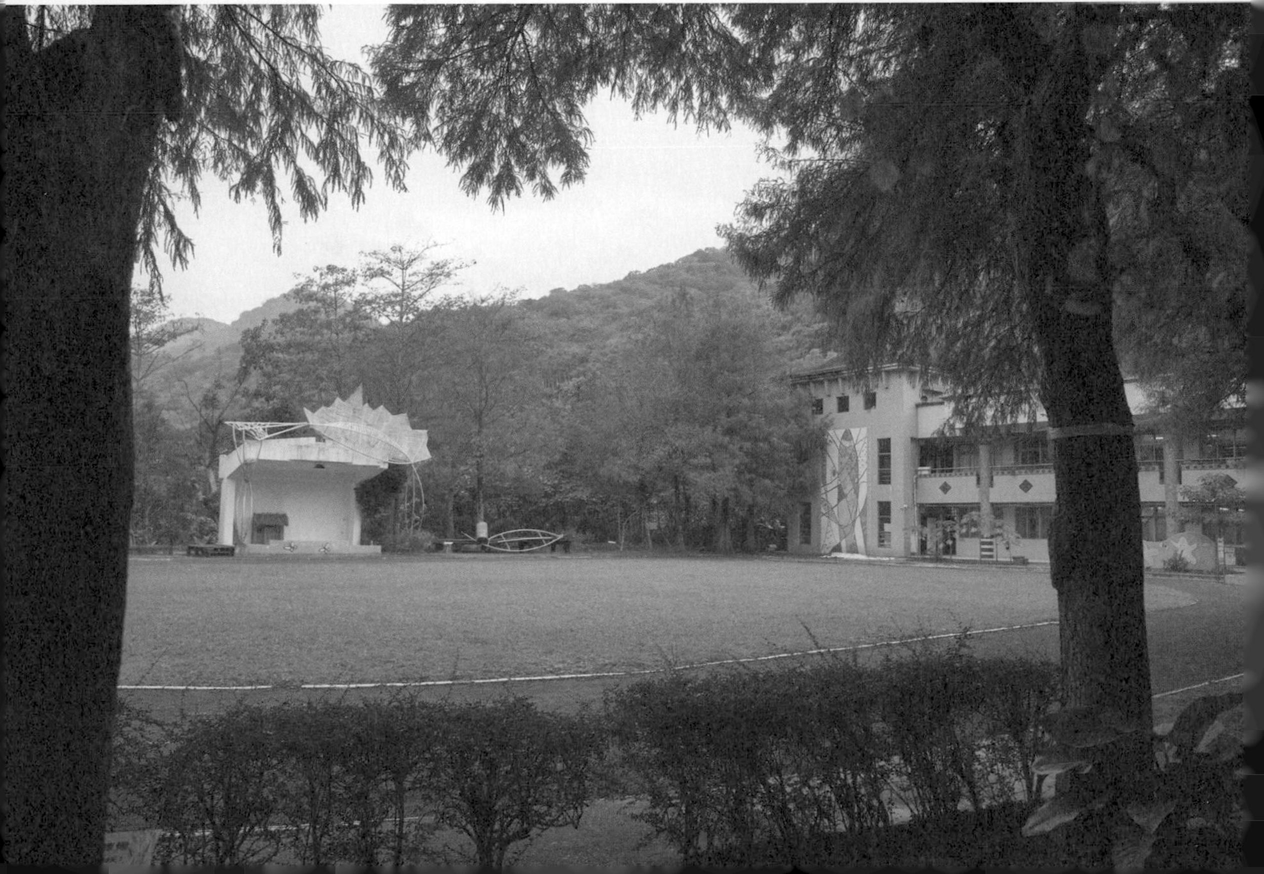

走讀地方

海梯田響亮了新社部落

沿著臺十一線，從花蓮市一路往南進入壽豐鄉，太平洋的波瀾壯闊是甩不掉、也捨不得甩掉的旅伴。來到新社部落，絕美的水稻梯田更是鋪展開整個海岸線，如此海、田景色，可大殺相機容量。

新社部落居民多為從宜蘭南遷的噶瑪蘭人，習慣耕作種稻的族人來到新社不忘開墾，在背倚海岸山脈、毗鄰海岸的臺地上開闢梯田，形成現今全臺最大的臨海梯田，六月底收割前，金黃稻田連接著碧藍海，寬廣豐盈的視野是大自然恣意潑灑的美景。

新社梯田前方有藝術家創作的作品，帶著部落象徵，成為熱門拍照打卡點。而深厚的噶瑪蘭文化傳統，不得不推「香蕉絲編織」，這是部落重要工藝產業，「新社香蕉絲工坊」將此鮮明的族群技藝傳承發揚。不過，若想品嘗噶瑪蘭風味餐，因為當地餐廳不多，可得搶早、搶巧，才能一飽原民傳統美食、創意野菜料理。

臺灣東部史前文化所遺留下的岩棺與巨石文化，可見證新石器時代重要工藝，珍貴及稀有。走一趟新社部落，探尋一段段在地故事。

許民陽

認識多樣美麗和多災害並存的地質環境

臺灣，地質、地形的美，舉世無雙。
臺灣，對環境的愛護，
仍有很長的路要走，
不能停歇、不可走回頭路。

許民陽

臺北市立大學地球環境暨生物資源學系（含環境教育及資源研究所）名譽教授，研究專長於地質學、地形學、地球科學教育等。學校授課外，長期推動環境教育、海洋教育，實際執行戶外教學與解說教育。

跟著地質、地形學教授許民陽來到基隆八斗子望幽谷，原以為必是以地質地形為主進行導覽，豈知他帶著眾人逕往六五高地停車場前方夾雜著林木的步道走去，指著一棵將葉子末梢纏繞著其他植物的綠藤說：「這是臺灣唯一的鞭藤科家族成員—印度鞭藤。它的葉子很像竹子葉，但葉片形狀很特殊，先端會呈捲鬚狀，用來攀爬纏繞在大樹或灌叢上面生長。」

原來這種印度鞭藤多分布於琉球、熱帶亞洲、非洲和澳洲，臺灣多於臺東海岸山脈、恆春半島、蘭嶼及綠島等陽光充足的低山帶海岸林可見到。數量不多的印度鞭藤，在臺灣北部很少見，只有在宜蘭北關、還有八斗子公園車道旁的灌叢上有一些群落生長。

依著許民陽教授的說明，仔細觀察印度鞭藤的纏繞方式，發現它每一片葉子尖端都捲起來，是利用葉子前端變成捲鬚狀來攀爬纏繞，捲鬚看似柔細，卻纏勁十足。而許民陽教授從印度鞭藤的生存法則，講到各個植物的優勢競爭力，再一路沿著路旁發現的海桐、凹葉柃木、牛奶榕、綿棗兒，將一棵植物環繞的其他植物、土壤、地形、氣候、鳥類等等，詳盡衍生，這不只是植物課，是豐富的生態環境課。

印度鞭藤葉子前端成捲鬚狀。

地質環境的美麗與哀愁

從事數十年地球科學教育、環境教育與科普教育等師資培育工作的許民陽，經常帶著學生與在職教師於國內外上山下海，認識、體驗多樣化的地景與生態，輕便的環保水壺與布包加一只相機，幾乎成為他的標準配備，爬山、攝影、旅遊是工作，也是公餘的嗜好。

許民陽的足跡遍布臺灣本島和各離島，包括東引等離島中的離島。走在陡坡階梯，仍腳步健、氣平緩，從路旁的牛奶榕說到臺南安平樹屋枝芽氣根盤根錯節的正榕和雀榕，再說著：「臺灣島北部及東北部海岸以岩石海岸為主，屬於西部麓山帶北段的地質區，在強烈的外營力作用下，衍育出豐富多樣性的地質地形景觀。像我們今天走的八斗子望幽谷及潮境公園海岸步道，及野柳海岸地質步道、鼻頭角海岸步道、龍洞岬海岸步道等，都聯結景點又可了解地質環境，十分值得探訪。而地質法執行多年，雖揭露眾多重要地質敏感區資訊，但民眾多是不了解的，要提升國人

上 走在望幽谷山谷步道，可遠眺海天。

下 波浪作用強的地方，海蝕平臺越顯寬闊。

對自己生長的土地與地質環境的認知，可配合環境教育作為解決之道。」

小小的臺灣擁有十分特殊的地質環境，位於歐亞板塊與菲律賓海板塊的碰撞帶，有二五九座超過三千公尺以上的高山，密度之高可說是世界第一，東岸至西岸不到一五〇公里的距離，山地可以隆升至近四千公尺的高度，造山運動力量之大舉世無匹。同時又位於副熱帶季風及颱風活躍移動的路徑上，降雨豐沛又強度大，形成高山、深谷、瀑布、河階遍布的多樣性地貌，加上西部寬廣的平原及臺地，小小的島嶼地景呈現多樣，建設性與破壞性地質作用並陳。相較於有最佳地形地質教室之稱的紐西蘭或日本，可說不相上下。

不過，在迷人的地景和特殊氣候交互作用下，許民陽教授也點出包括洪水、地震、颱風和坡地等天然災害都潛藏其中。他憂心的說：

「這些災害有一半以上和地質環境有關，這說明了臺灣是多樣美麗和多災害的地質環境並存的地區。因此，民眾除了認識多樣性地質環境之美，也要認清地質災害的潛勢，增加防災技能及作為。」

萬物時令

白露南 十日九日濕

表示當節氣來到白露，天氣漸涼，此時若刮起自海洋的南風，帶來濕氣，則降雨多。另也有俗諺：「八月八落雨，八個月沒乾土」，意謂白露這天若下雨，將長時雨天。基隆屬迎風面，每年受冬季東北季風影響易降雨，雨日連連不斷，被稱為「雨都」。

望幽谷瑰麗又獨特的豆腐岩和雄奇的臨海峭壁。

提升全體人民的環境素養

二〇一一年六月臺灣開始實施環境教育法，地質環境教育也是環境教育的一環，身為臺灣地質教育工作者的許民陽自是著力於加強大眾對地質環境的覺知和敏感度，提升對地質環境的認知及其內涵。不過，十年過去，許民陽教授搖著頭、無奈地說：

「臺灣從開始推行環境教育法，相較於日本、美國、澳洲等長年推動環境教育較有經驗的國家，我們在環境教育增能計畫相關法令、政策計畫、推動策略措施及配套機制等仍有進步空間。這十幾年來，雖然產、官、學、ＮＧＯ團體等共同推展環境教育，也持續宣導環境教育政策，提升環境教育人才的培育，並朝環境永續發展的目標前進，仍不免走向制式，流於認證或僵化的研習參訪。環境教育要能持續增能與進展，許多問題仍待探討。」

以實際面來說，許民陽教授提到，如果「環境是人民的」的這個意識，大家都能更清楚，民眾就會自己行動與覺知，畢竟環境破壞是回不來的。環境教育應是要大家注重環境問題，學校裡也要推動學生對環境的整個認識，認知環境，最後才會對環境有倫理。

上 氣孔狀玄武岩為基性噴出岩，濕熱條件下容易發生化學風化。

左 海桐的果實成熟，會裂成三瓣。

下 望幽谷可遠眺八斗子漁港美景。

如果人民自己有覺醒、有素養，自然不會亂丟菸蒂垃圾、不買寶特瓶飲料或杯裝飲料，從日常生活做起不用塑料、減碳省水，而不是為了應付考評，或為了貪圖方便，什麼都不管的製造許多垃圾。身處杏壇，許民陽教授不諱言：

「臺灣對環境愛護這個部分，還有很長的路要走，環境教育在小學教完後小朋友懂，可是到了高中、大學階段，又把這些觀念丟掉，中年以上的完全不懂，甚至破壞。環境保育的觀念並未深植人心，環境教育未發揮其應有的功能。」

帶著感嘆，許民陽仍期許著不分男女老幼能對環境有愛，因為不懂得欣賞自己的環境，就不會愛護，僅靠政府強制規範，而非國民習慣，終究無法真正細膩落實對環境的保護，環境保育觀念也不會深植人心。環境教育也應該先讓大眾了解自己生活的環境到底出了什麼問題，才能喚起人們重視生活周遭環境，積極參與關懷土地、生態、生命、環境的活動與推廣。▣

上 許民陽經常帶著學生與在職教師上山下海，認識地景與生態。

下 臺灣有著豐富多樣的地質地形景觀，在望幽谷可俯瞰藻田、海蝕平臺和豆腐岩。

走讀地方

基隆望幽谷賞地質

基隆「望幽谷」又名「忘憂谷」，位於和平島東南側、八斗子和長潭里間，是八斗子海濱公園觀景臺下方一個V字型的青翠谷地。可近看、遠望八斗子漁港和基隆嶼，藍天、碧海、島與漁船點點盈滿整個視野。從六五高地停車場旁延階梯而下，起伏有致的綠油油谷地背襯著白浪藍海，令人忘記煩憂。

漫步於環狀的臨崖稜線及山谷步道，沒有太陡峭的坡道，走來輕鬆，天地海間基隆港之鷹——黑鳶飛翔競逐，海蝕平

臺、豆腐岩、雄奇峭壁等特殊地質景觀，加以貝蟹等海洋生物穿梭其間，創造出無法復刻的美景，南國小薊、南美蟛蜞菊、桔梗蘭、狗娃花、露兜樹等濱海植物，與草蟬、黃豔金龜等昆蟲，更把這個濱海山谷打造的萬分生動，蔚為觀察自然生態的天然教室，一年四季各有著不同景觀。夜晚時分再遠眺九份山城的燈火與海面點點漁火，季節與時光的流動盡在其中。

從望幽谷海濱步道，串連附近的八斗子海濱公園、潮境公園、國立海洋科技博物館，交通易達性高，是大眾了解地質地形特色、海洋生態的最佳去處。

顧瑜君

讓孩子親身體驗人生五味

向我們以為的「受助者」學習，
看懂、聽見、理解他們生命的需要。
五味屋要讓孩子在世界找到自己的位置，
長大後改變家鄉的容顏。

顧瑜君

東華大學教授，
以鄉村社區營造、環境教育課程教學、
人文生態與教育等專長，
在五味屋落實教師責任，
珍惜所有、在地付出。

落雨的秋天，花蓮豐田村一處洛神花田，一群人冒著雨在採收洛神花，遠處的山嵐襯映著或認真、或興奮、或調皮不羈的臉龐，小男孩提抱著一大籃被雨澆淋過、猶如紅寶石般晶瑩的洛神花，不發一語、帶著倔強地沿田埂走來，放下採收籃於路旁，又踩踏泥水走進田裡。一旁穿著米色風衣的顧瑜君老師，也從洛神花田裡直起採剪的腰身，招呼著大家結束上午的採收、回去五味屋用午餐。她看著小男孩的眼神帶著欣慰，高興地說：「阿力是我們經營的小老闆，下午我們要開始去籽進行加工，做洛神花蜜餞、花茶。」

幾位十來歲的大男孩，淋著雨不管不顧地吆喝著往回衝向約一公里外的五味屋，其餘的大小朋友則走踏在有溫度與濕度的農田上，收拾著好幾籃早上收穫的洛神花，這是他們從整地、培土、澆灌到採收的豐碩果實，更盛裝了滿滿的陪同、學習與互動的情誼。

找到自己、改變家鄉

回到豐田車站前的五味屋，日式老屋光線不甚足，貨架上卻整齊陳列著許多二手貨品。後方兩張大方桌上則擺放著幾道飯菜與碗筷。五味屋的大小孩子們、

種植、採收洛神花是五味屋的孩子學習親近土地的方式。

服務學習的志工，一同圍著方桌共享午餐。顧瑜君老師鼓勵著一位小女孩：「小芸，幫忙招呼客人，告訴他們怎麼用餐好嗎？妳可以的。」

小芸跳下長板凳，搭配好一副碗及筷子，略帶羞怯地遞過來，「你們可以去那邊裝飯和挾菜，然後那邊可以坐。」柔柔地說完，即回到桌旁靜靜地吃著午餐。

純摯的小芸、滿屋的大小朋友，或坐或站的自在吃著簡單質樸的飯菜，一種飽脹的情味盈滿整個空間，這真是五味屋啊！不僅顧瑜君帶領著孩子們在此認識人生中的酸甜苦辣鹹，這紛雜的滋味，也是來到五味屋的每一人需各自感受。

身兼東華大學自然資源與環境學系教授，及環教中心主任的顧瑜君，從出生到大學畢業，都在首都成長與生活。卻自東華大學創校就來到花蓮，投入花蓮教育與社區總體營造，二〇〇八年，她與一群孩子利用豐田火車站前的日式閒置空間，創建了「五味屋」，以社區公益二手商店方式經營，讓村落孩子一起來學習、成長，在這裡買賣的不是物品，而是一個真實的多元學習場域。

「來到五味屋尋求幫忙的孩子，多是教育與社福機構救助指標的對象。讓他們來學習，以工作換報酬，是培養他們思考、分析、判斷力，提升社會性功能，能做的事情多了，自信會提高，也會開始夢想未來，會想幫助家鄉改變。」

在互動中，顧瑜君親切地喚著五味屋每一個孩子的名字，以平等之心對待。這些來到五味屋的孩子，早期若到都市一般職場多是屬於比較勞動力的一群，做著隨時可被替代的工作，在都市邊緣裡生存，對未來少有盼望。一味地叫他們努力，不是好辦法，實際上給了他們很大的壓迫。

顧瑜君不企圖改變孩子，只抱持：孩子們願意做什麼、喜歡做什麼，就真心踏實陪伴他們好好做。讓他們從小就能用原來的樣貌生活，不一定要超級有競爭力，讓他們知道鄉村的孩子不用到都市打工，在家鄉也可以過得很好。

上　五味屋裡大家一起共食，志工自己烹調簡單飯菜，各人自品出各種滋味。

下　豐田車站前的五味屋，是一社區公益二手商店。

「若社區變成一個支持系統，就能夠讓他們從小可以有不一樣的聲音且有自信，這就是在地生活，不用羨慕別人有什麼，是我把我的沒有變成有，就地取材，跟著現在簡單生活。」

所以，五味屋裡沒有具體或系統化的計畫，眼前的需要，就是所有的學習。孩子們在五味屋以工作換點數，以點數在店內換取生活所需，或用累積的點數與穩定表現，得到參加外面活動、拓展視野的機會，這一切皆靠自己努力獲得。

真正理解、真正相助

午餐後，孩子們進行著洛神花蜜餞的加工製作，大男孩耍帥地求快、大剌剌地把洛神花籽捅出。顧瑜君一見即輕聲地叮嚀他：「你要溫柔地對待洛神花，客人會感受到你的心意的。」

為什麼種植、製作洛神花蜜餞呢？顧老師表示，每年來自四面八方的物資，使五味屋能夠營運，她不要孩子們去購買市售商品當禮物，而是以親手栽種、採收、製作的洛神花製品表達謝意，

上　五味屋利用豐田火車站前的日式閒置空間「風鼓斗」建築為空間。

下　全臺各地的美髮師也會來到花蓮五味屋為孩子免費剪髮。

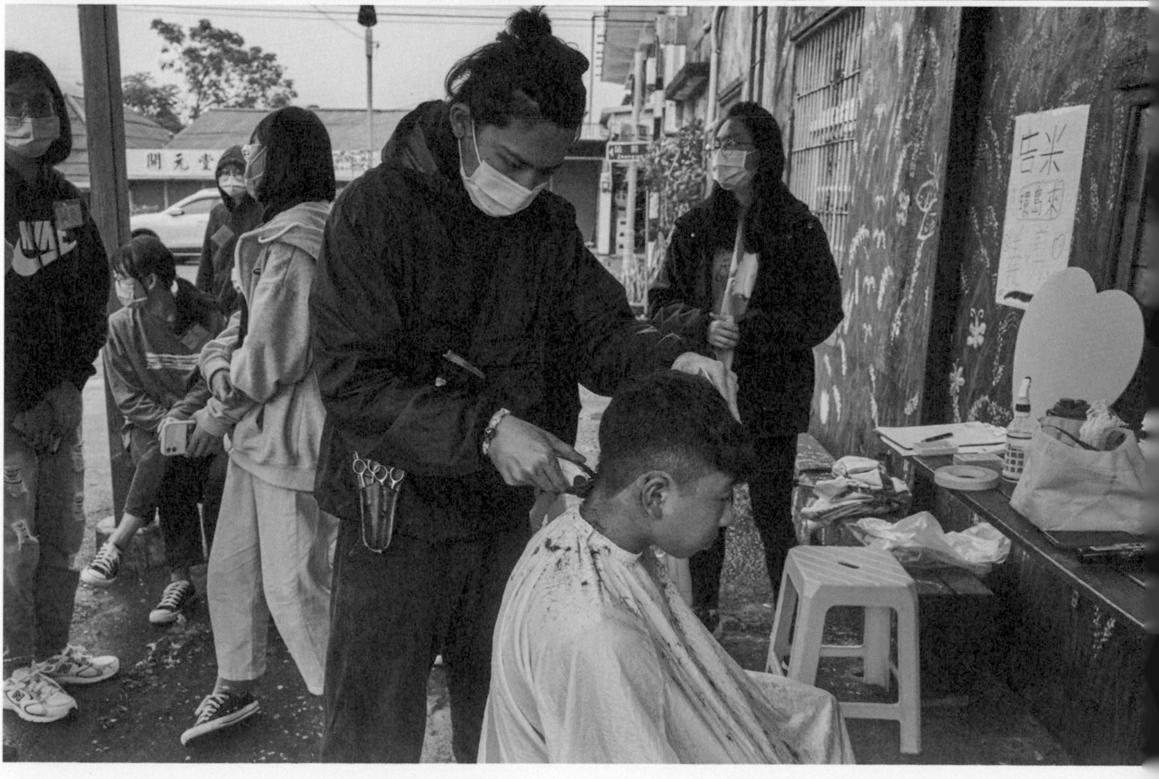
開元堂

也從中學習農業、親近土地。

另一群孩子則排練著下週要到臺大城鄉所發表的簡報，有的孩子介紹花蓮、有人說明自己在五味屋負責的工作、說著洛神花蜜餞的製作流程。簡報檔案是孩子自己製作的，不專業、不精美，忘詞、結巴不時出現，但這些全是他們自己發想、親手製作。顧瑜君強調：

「我不會要求他們背稿或像參加演講比賽般，他們上臺講得好不好不重要，重要的就是他去了，踏出家鄉到外地學習與服務。因為，他們要不要去臺大？自己說，要去要自己做簡報、要

上 顧瑜君與孩子們以親手栽種、製作的洛神花製品，感謝幫助五味屋營運的好朋友。

下 五味屋擴展出專賣二手衣物的瘋衣舍。

萬物時令

一歲，劃分為二十四節氣，更細膩的曆法又以五日為一候，共七十二候。曆法傳入擁有豐富四季變化的日本，更將氣候變化、四時物產、草、花、蟲、鳥、魚等自然模樣及生活風俗結合，名稱即可見季節的流動，創造屬於日本的七十二候歲時。

五味屋
29

從參與意願到做簡報、付交通費用，五味屋的孩子都要自己表達，自己以工作點數換得外出學習。

自己付交通費用，用工作點數去贏得外出的學習。也要用工作換來的點數買禮物，送給接待家庭的大哥哥、大姊姊，讓他們知道不能不勞而獲。」

顧瑜君以這樣移地教學的機會，讓偏鄉孩子可以走出鄉村、探索世界，同時相信五味屋的孩子也可以讓接待者有收穫。她希望接待家庭不要以大魚大肉來款待，平常怎麼生活，就怎麼接待孩子們。

「慈善會有位階，會讓人越來越弱，用幫助弱勢的心態，就會有我在上、你在下的差別，千萬不要覺得自己是在救他們。鼓勵陪伴、向孩子學習，真的去認識跟接待這些孩子，才是最重要的，你會發現他們其實很不一樣。」

相同的道理，顧瑜君直言：「如果大家

豐田の冊所是五味屋團隊經營的公益書店。

認可五味屋的概念與模式，不一定要大老遠的來到花蓮，每個城市都有比較底層的社會結構，只是我們不知道在哪裡？有沒有察覺？」

顧瑜君常告訴學生要尊重、珍惜身邊每一個人。走在校園、捷運站，要對清潔人員表示感謝，謝謝他們照顧了空間，待他們友善、感謝他們是我們每天都可以做得到的。如果我們從小事情開始做起，對方也會察覺到社會的不同，那個理解才會慢慢產生。

在五味屋，顧瑜君知道自己不是來幫忙這些孩子，是向他們學習，從真正理解開始，才能知道什麼是他們需要的？自己該做什麼？如何做好陪伴？在五味屋，顧瑜君體會到：真知，才能相助。■

走讀地方

時光堆疊的豐田村

普悠瑪、太魯閣號、自強號都不停靠的豐田火車站，莒光號一天只有南下北上各一班次停靠，靠著區間車為車站帶來寥寥的進出人數，是個簡易站，卻也入選臺鐵「幸福一〇〇」活動的百站之一，站內設有「鐵路之旅——小站巡禮紀念章」，喜歡鐵道祕境小站旅行的，可搭著區間車慢訪。

不過，走出豐田站，說是祕境，倒不如說這裡是個充滿歷史感的小

社區，車站左側的五味屋，是日式四邊斜建築方式的風鼓斗屋，這源於日治時期，日本在花、東進行大規模的移民政策，豐田是日本在臺灣所設的第二個移民村，也被選作示範基地村，所以村內有完整規劃，不僅道路設計成井然有序的棋盤狀，移民指導所、派出所、醫療所、學校、神社與菸樓一一設立。

現今，星移物換，這些場域大多轉變了用途，移民指導所成了豐田社區中心、豐田派出所廳舍轉作壽豐文史館、豐田神社也成了佛道教寺院碧蓮寺，巨大的鳥居上置放著「碧蓮寺」的標誌，日治時期留下寫著奉納的石燈籠、護衛神社的狛犬則立於碧蓮寺前，日式殖民村的痕跡未曾滅絕，只是或成整修後的活化空間，或融合在歲歲年年的人文族群中，各自安好、共同邁向下一個明天。

植物咖

以植物為媒介 打開人的五感

黃盛璘

園藝治療師是人類與植物間的橋梁，
借助著大自然的力量
填補人們心中的缺乏，
在陪伴他人、照顧植物的過程中，
都是被愛、被植物所照顧與療癒的。

黃盛璘

臺灣首位取得美國 Merritt 大學認證的
園藝治療師，
自二〇〇四年引進園藝治療，
佐以臺灣本土藥草來推廣，
以常見且實用的保健植物，
促進人與自然、身體與心靈的整全福祉。

臺北象山農場高壯的守護樹下，數位大小朋友把手放在樹幹，默默與大樹訴說著，好多訊息靈動在這空間裡。這是人與大自然的聯結，透過樹來傳遞，相信植物有能量，樹有能量圈，靠近了就能對人產生影響，是園藝治療師黃盛璘推介給大家藉由植物獲得療慰力量的方式之一。

相信樹的黃盛璘，會在每個駐留、生活過的地方選一棵樹，作為自己的守護樹。她說話溫聲輕語、笑時笑聲卻又很爽朗，自在、無拘的氣息不著痕跡地散發，深具感染力，她不是名模，也沒有美女九頭身的身材，拍起照來卻絲毫不懼鏡頭，不，是無視鏡頭，怎麼自然怎麼來去。是她把大自然的綠與力量帶進生活，不時與植物間有著美好聯結，才可如此舒心愉悅嗎？

穿著圍裙，穿梭在植栽間的她，對農場裡的一草一木，都如同是心肝寶貝般呵護，溫柔地和它們說說話、動作熟練地施肥澆水。時近端午，她手持長在農場一角的艾草說：「在東、西方的文化中，植物或說草藥在宗教、治療、傳說和占卜上都

黃盛璘對農場的一草一木都如同心肝寶貝般呵護。

占有重要地位。像艾草，在臺灣民俗上能避邪，可驅逐恐懼，安神助眠，我們會害怕是氣不足，艾草是全陽植物，陽性殺菌，艾草就如加壓馬達般能把氣開發，氣夠就不害怕了。西方則會用艾草做枕頭，意謂著可以夢到想夢的人，東南亞、日本也都認可艾草是能調整創傷與痛苦的藥草。」

如艾草般，許多植物都具有強大保護能量、神秘功效，被人類運用的歷史也頗悠長。黃盛璘就這麼藉由植物療癒了別人，也療慰自己，她與植物對話，讓植物進到生活，照顧植物、被植物照顧著，與大自然維持互相支持的關係，把溫暖、光亮散發在這綠色天地。

園藝治療撫慰受傷的身心靈

學員們稱「大黃老師」的黃盛璘，大學沒畢業就考上出版社編輯，多年嚴謹、要求完美的出版人生涯，卻在四十五歲時毅然離職，為自我追尋、打開人生新局，逕飛美國。

是偶然也是命運，本就喜歡拈花惹草的她，一張園藝治療課程的傳單撩撥她循直覺報名課程，自此一頭栽進園藝治療的世界，兩年完成學業後，成為臺灣第

園藝治療是一種輔助治療，是想辦法把人和植物聯結在一起，以植物為媒介打開人的五感。

一位獲得美國Merritt大學認證的園藝治療師。

園藝治療？對許多人是陌生的。是治療花草樹木的樹醫？是能治病的醫療行為？

「園藝治療是一種輔助治療類型，相似於動物治療、藝術治療。園藝治療師不做醫療、不做心理治療，是要想辦法把人和植物聯結在一起，以植物做聯結、和植物產生關係，以植物為媒介打開人的五感。」黃盛璘解釋著花草會幫忙把我們的五感整個打開、釋放。

植物利用五種感官的刺激，引導被治療者表達出深層的內心世界，之後才能深入聯結，園藝治療師再透過傾聽與陪伴，達到治療目的。在照顧植物中，看到植物生命力，進而激發自己的生命力，照顧好植物，植物也會回過頭來照顧、療癒人們，達到治癒心靈的作用。黃盛璘暖暖地說：「植物多溫和，不具傷害及衝擊性，心靈脆弱者可從中獲得慰藉。」

美學上植物可美化裝飾環境，還能淨化空氣、減除噪音、減輕壓力等。讓植物進到生活，和植物產生關係，就能讓自己與大自然產生互相支持的關係。

解憂青草植物就在周遭

獲得園藝治療師認證，自美返臺的黃盛璘，初始於三峽種植歐美常用於園藝治療的薰衣草、迷迭香等香草植物，先是遇著種植上有著氣候類型不同、水土不服的難題，再則歐美的芳香植物與臺灣人較少聯結，難以運用在本土的園藝治療。

探其原因，作為園藝治療的植物，必須生命力強、易栽種，否則被治療者很容易放棄，另外五感體驗要足夠，與群體生活或民俗文化也要有關。

「和長輩們提到薰衣草、迷迭香，他們是無感、陌生的。但談到艾草，就會想到常吃的草仔粿，或端午節要掛艾草，知道怎

上 植物溫和，不具傷害性及衝擊性，可讓人們心靈獲得慰藉。

下 園藝治療的植物必須生命力強、易栽種。

麼吃、怎樣用，這就是共鳴點與記憶的聯結，也才能達到五感刺激。」

黃盛璘結合美國園藝治療經驗，且在臺灣民俗裡把和生活節慶有關的植物一一找出，許多被當雜草的魚腥草、艾草等，都是生命力強又方便取得的本土青草，在臺灣對人或對環境都有良好適應力，氣味濃郁，能帶來五感刺激，可鎮定或提振情緒。

黃盛璘深切體認，臺灣真的是無草不藥，青草跟民俗生活、節氣息息相關，貼近民眾日常經驗更是能勾起生活回憶、找到生命鎖鑰。黃盛璘就以臺灣的青草為園藝治療打開在地化之門，尤其推介栽種保健植物，來照顧日常生活。

保健植物是日常最佳陪伴

這兩年多來，受新冠肺炎疫情衝擊，學習、工作、生活等都被迫產生改變，少外出、待在家裡的時間變長，生理、心理都衍生許多問題。

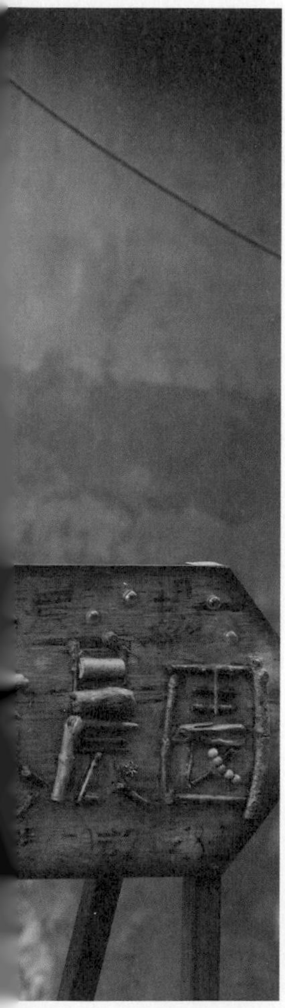

萬物時令

從驚蟄起始，園療師們忙著採收各種可食草木，或鮮食或晒乾，讓亞熱帶豐郁的植物照顧人們。青草多數具有旺盛的生命力，順時生長，二十四節氣各有不同當令青草，以青草生活營造節氣、節慶的儀式感，活出節氣的不同味。

黃盛璘以臺灣青草為園藝治療打開在地化之門，栽種保健植物可照顧日常生活。

要排解種種不良情緒和負能量，黃盛璘非常鼓勵大家依當下狀況挑選適合的植物栽種，在家布置一個小小山水景觀或野花園，讓因疫情不能常走入大自然的自己，有一方可喘息、緩解壓力的世外桃源，從植物的陪伴中獲得柔軟的力量。尤其是好種易活的保健植物，其生命力多可激勵人心，可用於日常生活保健，或做為食療材料。

像是在日本，有一流傳千年的文化，在正月七日時，不同地區會各自使用不同的「春七草」煮成七草粥吃食，以祈求一整年健康、長壽。

黃盛璘提議我們不妨也可在春分時，煮一鍋屬於自己的七草粥。「我們可用最常見的青草：艾草、魚腥草、昭和草、大花咸豐草、山芹、紫蘇、鵝兒腸等來做七草粥，不僅保健，也能感受四季變化、節氣流動，建立儀式感，用自然的療癒力營造友善、溫暖的環境。」

一鍋飽富大自然力量的七草粥散發著青草香，不需用化學調味料，植物自有酸甜苦辣來提味。嘗一口七草粥，就如同嘗入人生百般滋味，黃盛璘笑容滿滿地讚一聲：「好味道」，也提醒活在高壓、緊繃生活中的我們，多數人需要的不是園藝治療，而是需要綠生活，從家中窗臺開始、從生活開始，讓人和植物的關係不只停留在觀賞，善用植物的解憂療癒力，來照顧大家的身心健康！■

在春天煮一鍋七草粥，讓生活更有儀式感。

居家必備十種青草

黃盛璘推薦居家必備十種青草，只要幾個小盆栽，就可把保健植物種起來！

1 **艾草：**艾草不只用於端午避邪。感到冷、疲累時，來個艾草茶、艾草浴吧。客家人清明會準備艾粄也具排春寒之用，艾葉水還可驅蚊蟲。

2 **薄荷：**帶著清涼香氣，是心情鬱悶時的解鬱良方，聞聞氣味或加入茶飲、甜點，可降溫解暑、通氣潤喉。

3 **魚腥草：**魚腥草茶對於止咳、固肺很有幫助，適量飲用有助於呼吸道系統健康，平日不妨以魚腥草茶保健。

4 **左手香：**又名到手香，是消炎高手，可用於消炎、外傷消腫、蚊蟲咬癢。

5 **蘆薈：**可美容養顏，對燙傷、晒傷、灼傷具鎮靜效果，建議廚房種棵蘆薈，燙傷時可第一時間用蘆薈冰鎮，淡化疤痕。

6-8 **廚房三寶蔥、薑、蒜：**在藥療前，平日可以食療。蔥、薑、蒜都是溫性辛香料，用於料理好吃，對去除身體寒涼特別有用。蔥可幫助舒緩焦慮、改善失眠。薑能防止食物腐化，冬天可煮杯黑糖薑母茶取暖。蒜有殺菌功效。

9 **紫蘇：**紫蘇全身都是寶，夏天是生長旺季，可解熱抗菌、健胃整腸、抗過敏。紫蘇茶、紫蘇梅或入菜，都具食療效果。

10 **石蓮花：**含膳食纖維及微量礦物質、維生素，可平衡體內酸鹼值，是很好的解酒藥，也可顧肝。

花市買得到的，我就種

梁群健

我的日常，不是維護環境，
就是在帶領大小朋友體驗自然、
感受過生活。
一個小花園、一個小教室，
讓植物生命展現美好、
分享喜歡的東西。

梁群健

臺灣大學園藝系研究所碩、博士；
曾任中央研究院植物所助理，
現任臺大農場技正，
擅長園藝景觀維護、環境綠化綠美化，
多肉植物養護栽培。

到臺灣第一學府臺灣大學可以做什麼?求學、念書自不在話下,逛校園、賞花木也是閒情。但今天是要到臺大農場體驗地瓜栽種及地瓜圓DIY小料理,FARMER叔叔——梁群健帶著一群大小朋友一同分享田野情趣,在田裡親自種下地瓜苗,認識地瓜的品種、成長,用熟成的地瓜親手揉捏成地瓜球,再好好品嘗美味地瓜球。從產地到餐桌,孩子們知道了好的食物來源就在自己身邊,了解食物的種植、採收過程,認識食材、認識產地、了解食材營養價值、學習烹飪與分享等,進而珍惜每一口食物,加深飲食文化與土地、社會的緊密連結。

做個向植物學習的人

梁群健,是臺大農場(國立臺灣大學生物資源暨農學院附設農業試驗場)管理組技術股技正兼股長,臺大園藝學研究所畢業的他,對大自然有著滿滿熱情、對環境綠化、美化深耕力行,出版《一盆變十盆扦插活用百科》、《多肉植物圖鑑》等書籍。

臺大農場各類活動,如城市小農夫——番薯見到、秋收體驗,臺大農場放輕鬆——防疫我最行等等,都可見到梁群健的身影,他化身FARMER叔叔,用淺

梁群健在臺大農場為志工解說活動流程，以帶領更多人同享田野樂趣。

顯易懂的語言與小朋友們對話，帶著孩子深度體驗稻米或食材的生態，或摸摸花草、聞聞香、踩踩土壤，用雙手、眼睛、鼻子認識各種作物與植物。他，是位跟植物學習的人。

「向陽花木易逢春啊！植物迎向陽光、人生迎向光明面，就自然會長得很好。養花、養草養不好，都不是肥料的問題，是光線不夠，要先滿足光線的需求，植物才有辦法長得好。人也是一樣，要正向一下，向陽的意思是盡量讓自己積極、開心，這樣就什麼都會變好，因為想法會左右我們做事的感情，往好的地方想就會是好的，如果一直往不好的地方鑽，就會一直不好。所以事情都有好或不好的一面，如果可以選擇時，就跟著植物學習吧，向陽一點。」

尤其在這兩年適逢新冠肺炎病毒疫情侵擾，梁群健認為植物可以讓我們的情緒獲得轉移，紓解壓力，不再那麼緊張。藉由栽種的過程、欣賞植物的成長，也可以讓心情、心靈得到啟發與療癒，因為人類天生就是喜歡跟有生命的東西在一起。

至於種什麼植物？善栽種植物的梁群健直言自己不會去追求那些很稀少、難種的花草。「花市買得到的，我就種，不會特地去收集珍稀植物或外來種。有些人會想要栽種跟別人不一樣、很特別的，那他的重點不是植物，是特別。」

梁群健以自己常年栽種植物的經驗，給予大家的建議：其實，植物只要長得好，每一棵都可以表現出自己的樣貌，就會很美，只要種適應這個空間的植物就好。有種植物就是綠化，對環境也就是友善的、也都是好的，能使環境更健康、乾淨。

環境教育就是生活態度

臺大農場為行政院環保署環境教育認證場所，對於推廣環境

上、下 讓孩子從小摸摸花草、踩踩土，用手、眼、鼻認識各種作物與植物。

WOODY
&
BUZZ

WOODY
&
BUZZ

教育、深化食農教育不遺餘力。在假日帶著女兒到學校，卻把女兒放在辦公室任她自玩電子遊戲的梁群健，不得也苦笑說：「沒有辦法啊，假日我應該在家裡休息的，不過我要出來服務大家，只好放生女兒了。畢竟很多爸爸媽媽會選擇臺大農場這個場域來進行戶外教學，一是因為我們跟其他休閒農場相比，因為是公家單位，只要能平衡收支就好，收費很低。二是我們有國家認證，然後第三個就是臺大的光環，又離都會很近，近年越來越多年輕家長對環保或是親近土地的活動感興趣，帶著孩子們來參加，拉回點對自然、對生命的關係，就可以遠離3C。」

如此循環不息，讓梁群健犧牲假日與自己的親子時光，將環境教育以透過分享，讓小朋友從一個情境的知識與技能養成行動，寓教於樂地讓他們在環境裡體驗、學習。

「比如地瓜圓DIY料理活動，我透過分享，小朋友會對環境開始有感覺；知道怎麼種地瓜、會做地瓜圓，就是養成一個技能。如果哪一天小朋友和爸爸媽媽願意一起在家裡面進行這個可食性地景，把觀念帶回家身體力行，那就產生行動力。」

上 小朋友知道怎麼種地瓜、做地瓜圓，就是養成一個技能，回家可與父母一起進行可食性地景。

下 透過全家大小一起做地瓜圓DIY料理活動，進而產生對環境的關注。

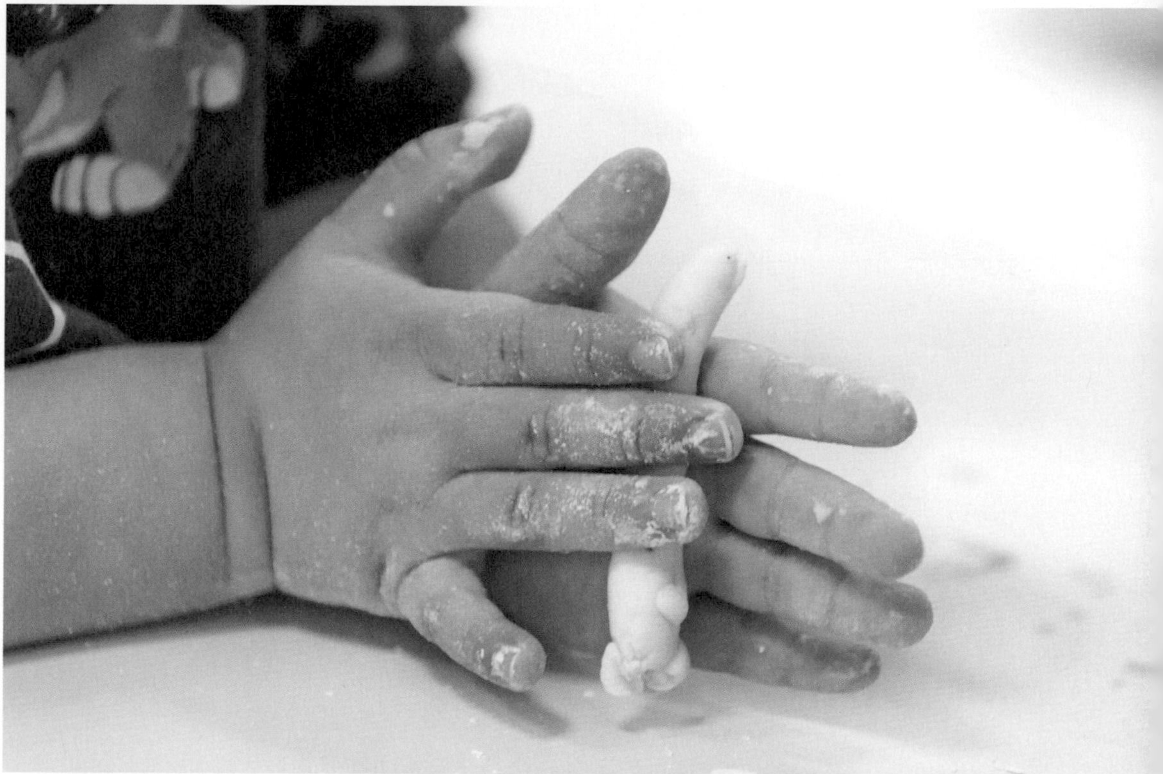

現今學校是素養導向，而環境教育就是在過程裡讓學生提升。梁群健坦言會來臺大農場參加活動的，一定是對環境比較喜歡的，包括喜歡自然。但現今的環境不像以前到處有山、有水、有小溝，都會的自然環境更是稀少，環境教育因而在都會區裡更形重要。透過一些被設計過的體驗，讓孩子們比較快速地接近農業或自然，如果哪一天真的要從事相關事務時，不會好像沒有地方開始，離田地、土地很遠。

把環境教育融入在各種生活教育裡，不講太多主題式內容，走到環境教育的特殊場域裡，將學校老師沒辦法做的部分、缺乏的地方補強，是梁群健想要傳達的。

「廚房裡過去由阿嬤、媽媽帶著我們做，現在就由我帶他們做。讓我們教小朋友將寶特瓶回收變成小花園、小菜園，利用回收物、廚餘，變成有用的肥料。讓孩子們知道原始植物的樣式、食物本身的味道，透過教學引導他們買在地食物，最好還是自己動手做，這就是生活教育。」

在個人生活裡，梁群健說自己都穿舊衣、穿別人不要的二手

上 梁群健栽種植物不拘形式、品種，只要花市買得到的就種。

下 多肉植物外表吸睛，造型百變，且具許多功用。

衣，也不染頭髮，手機用到壞才換，不會一直追求新型號，雖然不像環保魔人那麼誇張，但會盡量把東西的使用壽命延長。他也一再推廣用回收的寶特瓶、罐頭栽種植物，或做苔球，不要再買塑膠花、塑膠花盆，讓花園減塑。更加提倡可以將自家花園變菜園，那麼運輸旅程就是零，產地即餐桌。

梁群健提倡環境教育就是一種生活的態度而已，不要把它想像成很嚴謹巨大。環境教育也不一定要去國家公園，透過爸爸和孩子一起騎單車、聊天，媽媽在廚房煮飯，孩童在田裡被蚊子咬到會癢，感受環境發生的每一個過程，都是環境教育。然後親子共學，一起在過程裡學習，回到家彼此要求，就是一個不斷提升的環境教育。▣

萬物時令

芒種夏至
檨仔落蒂

檨仔指的就是芒果，芒種過後是臺灣甘甜的熱帶水果大產出的時節，臺灣南部的芒果也都是在這個時節熟成落蒂，喜愛芒果的朋友可大享芒果盛宴。

走讀地方

磯小屋見證臺灣
蓬萊米珍貴歷史

臺灣大學，是臺灣人心中的第一學府，位於臺北公館鬧區的校園本部，鼎盛文風外，還有美麗的椰林大道、醉月湖，花草樹木植物數以萬計，許多還有掛牌解說，四季不同花開繽紛，是臺北的大綠肺之一。非關課業，閒時假日到臺大校園逛逛，也是很好的選擇。

校本部內有一部分為臺大農場，是行政院環保署認證的環境教育設施場域，優美的自然環境、豐富的動植物

群相外，生態池上（瑠公圳水源池）水鳥飛舞，稻田中可將臺北一〇一同入畫面，訪客中心「綠房子」，是一幢集展示、教育、推廣與研究於一身的綠建築與生態庭園。

建於一九二五年的磯永吉小屋（舊高等農林學校），為臺灣早期農業研究的重要基地，臺灣蓬萊米之父磯永吉教授曾在屋裡完成許多稻米研究，為紀念磯永吉，特以此命名，二〇〇九年公告為直轄市定古蹟。磯小屋累積大量日據時期至今的農業研究器材、書籍文件、用具家具與文史資料，見證了臺灣農業科技發展歷程，既富人文特色、也具科學史研究價值。讓一代又一代的臺灣人，了解臺灣農業的過去，也繼而引領開創新世代農業。

對神木說：請你再好好活幾千年吧！

翁恒斌

攀樹體驗，使人獲得成就感、
看見樹頂的風景、
明白樹與人類的關係。
樹，在那裏；
攀樹，學習愛樹、護樹及關懷環境。

翁恒斌

攀樹趣—Climbing Tree創辦人，
綽號「鴨子」，
是臺灣首位ISA認證攀樹師，
純粹因為愛玩一頭栽到樹上，玩到極致後，
是在攀一棵人生樹。
著有《樹上看見的世界》。

攀樹師翁恒斌藉著攀樹繩，在樹叢、樹梢間輕鬆靈活的行動。

夜晚在大樹上的樹屋裡睡個一晚，或像泰山一樣在叢林、樹梢間盪來躍去，是許多人期待成真的童年夢想。或者能爬爬樹，探探小鳥窩、看看不同高度的風景，也是不少人充滿童趣的經驗與回憶。

來到桃園龜山五犬山莊，就見幾棵十幾公尺高的大樹上懸掛著吊床，幾個小朋友一人一床地歡快躺於其中。酷暑中，樹蔭下吊床搖曳，盪呀盪的，一陣陣風襲來，心靜下來自然涼意徐徐。

這時，一個身影從樹的更高處「飛來飄去」。喝！是臥虎藏龍的李慕白或玉嬌龍嗎？

是攀樹師翁恒斌藉著攀樹繩，身手似猿猴般靈活，躍於樹枝間降於樹下。吆喝著說：「要不要試試？」

「我不行吧？」

「攀樹，人人都可以，不難，用手腳推進就行，

在樹上睡一晚，是無比夢幻的相遇。

上來體驗看看吧！」

在樹梢看到的視野是什麼？和小鳥般淩躍於樹林間又是如何？躺在樹間吊床是何種感覺？攀樹安全嗎？困難嗎？這一切疑問，就由攀樹師翁恒斌來解答。

親近樹、愛護樹

爬過數百棵樹，有百年紅檜、千年茄苳；有平地樹形優美味道好的樟樹、也有臺灣特有變種臺灣油杉、金門總兵署百年木棉樹，拿著電鋸等機具，在整棵樹上上下下、前移後奔，這是攀樹師翁恒斌專業的工作。

「攀樹技術在國外最早發展的目的是為了因應樹木工作上的需求，安全執行樹木修剪、危樹移除、樹冠層調查等任務，是一風險性不低的高空工作。後來，攀樹演變成休閒活動，讓人們可以親近大自然，達到森林浴的效果。」

翁恒斌解釋著攀樹原是門工作上的專門技術，慢慢地衍生為休閒活動，或推展到與樹木相關的使用。但攀樹運動是安全的，從攀樹過程還可以了解樹、喜歡樹，進而去重視保護樹木和環境，深具環境教育的意義。

翁恒斌形容攀樹師的工作是危險又迷人的，需要攀上樹頂的都可能是攀樹師的任務，除了修剪樹木，採集樹上植物做研究，也會救老鷹、摘蜂窩，或協助電影特技拍攝、救空拍機等等，這樣在樹頂俯瞰綠水青山、飽覽森林樹冠的日子，讓他看到別人看不到的，聽到別人聽不到的，將自己徹底融入於大自然。

「有一天我睡在樹梢，天亮時睜開眼睛就看到大冠鷲從眼前走過。這種驚喜，你可以想像嗎？」

就是這麼喜歡大自然的廣邈與奧妙，讓在雲林林內出生成長的翁恒斌從愛玩到攀上人生樹。他笑稱自己從小不愛讀書，成績都低空飛過，各種露營、童軍活動卻從未缺席。

上　初學攀樹者需由攀樹專業教練教授攀樹技巧及協助。

下　攀樹用手腳推進就可，一點都不難，人人可以。

adidas

「讀書不是我厲害的事啦！我大多數時間都耗在童軍社，露營、健行、定向、攀岩、溯溪、獨木舟、野外求生，大家想得到的戶外運動，我都玩，還獲得服務羅浮的資格。後來加入荒野保護協會當解說員，進入了體驗教育公司，直到二〇一一年參加國家公園舉辦的活動，第一次接觸到攀樹，就深深感覺這是我要的。隨即跟著香港老師學攀樹，再考取美國國際樹木學會（ISA，International Society of Arboriculture）認證。」

翁恒斌成為臺灣第一位考取ISA國際證照的攀樹師後，在各地接政府委託修樹案、支援學術單位的研究案，他實際觀察到大家對樹木的不友善，痛心於行道樹被粗暴砍頭，老樹樹幹上被釘釘子、掛布條，移植樹木後未能妥善照顧。

萬物時令

立春好栽樹，夏季好接枝。

一般從過年到清明節間，都適合栽種樹木，立春是栽樹的好時節，初夏則宜嫁接。但因區域、氣候、栽種樹株各異，適合栽種的時節也會不同。臺灣適合種樹的季節，常綠樹建議在早春至梅雨季節；落葉樹則於每年十一月下旬至三月。

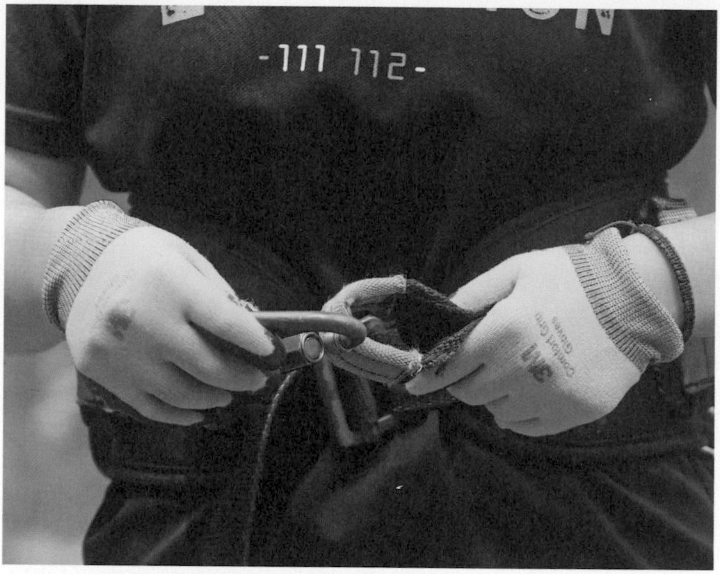

攀樹時，個人的安全裝備與生命有關，不可馬虎。

「臺灣樹太多了，大家就習以為常，對樹不夠珍惜、友善。大自然存在幾千幾億年了，很多樹木可以自己生長得好好，百年、千年不倒，但每個人在大自然都是借住個幾十年、頂多百年而已，不是應該學會謙卑、感恩嗎？卻反而要去砍樹、破壞環境。」

因此，翁恒斌雖然是無神論者，面對每一次攀樹任務，都會帶著最誠摯的心將樹好好修剪，照顧樹木的健康。他記得第一次爬千年神木時，要攀上幾十公尺的樹梢，腳底懸空於崖邊，也會擔心與恐懼，想著各種狀況與準備是否做好？角度、移動距離是否計算對？當順利完成工作後，除了在樹梢所感受的壯麗佳景，只留感激，平常不會跟樹說話的他，對著神木道謝：「請你再好好的活幾千年，不要在我這個世代就死了。」

他與樹擁抱，感謝樹給了他無與倫比的經驗。

攀樹時懂得選擇安全的枝椏，是相當重要的步驟。

他也以對樹友善來回報，用攀樹修枝，在對的位置修剪，讓樹可以快快癒合，繼續漂亮生長。翁恒斌提到他喜歡的一部電影《哪啊哪啊神去村》，劇中說：「不能因為人類的喜好到處種樹，就以為可以高枕無憂，重要的是永續循環，如果擱在一旁不養護，根本不算愛自然。必須協助森林自然地循環，維持良好林況，才是真正的愛自然。」

為了愛自然，也是對環境教育的一份理念，翁恒斌知道工作攀樹不是人人做得起，休閒攀樹卻可大力推廣。

透過攀樹認識樹木與自然

臺灣林木資源先天優良、後天卻不好，搶地砍樹事件時有所聞，這讓翁恒斌想著與其紙上談兵呼籲要愛護樹木，不如透過攀樹讓人們掛在樹梢，感受被大自然環繞接納的巨大力量，建立與樹最直接的情感連結，這種體驗會比用言語說服更有力。

翁恒斌舉辦營隊，帶著孩子們在校園、東眼山等地睡在樹上吊床。教導大家如何靠著肢體的協調性及運用手腳力量，一步一步往樹冠慢慢接近，且運用繩索所架設的攀樹系統，安全地攀爬上十公尺高的大樹，這時可擁有如同鳥類俯視大地的視野，無比暢快。再攀上專用吊床，感受樹林中涼爽舒適的溫度，聽聽來自地面的蟲鳴聲，觀察森林裡的生物，且上到樹冠層看看不同的生態環境。翁恒斌可拍胸脯地說：「這種體驗與享受，會讓人不愛上樹、不愛上大自然嗎？樹木是依靠、大自然是三百六十度無死角的背景，不會令人迫不及待地想到樹上睡一晚嗎？」

他同時在樹下鼓勵一個小朋友莫放棄地往上攀爬，另一條繩上的小女孩則毫無畏懼地率先攀上吊床，自得與自信漾滿臉。翁恒斌說：「一開始我只是想藉由帶領攀樹活動，達到環境教育、愛樹愛地球的目的，卻沒想到攀樹不僅可使人從中獲得成就感、身心放鬆，甚至啟發人更多的興趣，也能突破自己、獲得滿足感、有著不一樣的視野，為人帶來生命的改變。」

攀樹，絕不只是攀一棵樹，樹是有生命的，也能讓人重新省視自己的生命。

而且攀樹前要先懂得樹木健不健康，一棵健康的樹、超過十公分的樹徑才可以攀爬；攀樹運動也包含了力學、環境學、植物學與體能訓練，這些都會讓人進而關心樹木、環境與自己。

透過攀樹讓人掛在樹梢，感受被大自然環繞接納的力量。

藉著有趣、好玩的攀樹休閒運動，讓人自主地關注環境、留意自家與附近生活周邊的樹木，或因捨不得樹木被大量砍伐，而能在生活中少用一張紙、回收珍惜資源。當越來越多人一起守護臺灣珍貴山林，有天將能處處有大樹、人人有樹爬，這也就是翁恒斌推廣攀樹運動最初與最終的期盼。▣

顧好生活

攀樹入門的準備

進入森林裡或是樹叢中，可不是看到一棵樹就可隨意攀爬，或在沒有安全評估與配備下就進行。翁恒斌建議初學攀樹者，必須請一位攀樹專業教練教授帶領攀樹技巧及在旁協助，不要獨自去攀樹。

可以獨立攀樹後，若需先登山或健行，時間管理及路線規劃都要先妥善安排；檢查裝備有無缺漏、耗損，則是攀樹前後都務必做確實的。抵達目的樹後，首重樹木的風險評估、確立樹木的健康及是否適合攀爬，切勿冒險攀爬。攀樹活動中與完成後，也需保持環境原有的樣貌，留下垃圾、傷害樹木、破壞環境，都是完全不合格的攀樹人。

自耕農

寧種市場罕見的作物

邱顯輝

不施用農藥，是確保蔬菜、
農夫、土地的健康，
消費者吃得安心、
環境也能永續利用與發展。

邱顯輝

輝要有機菜園的專業農夫，
認同社區支持型農業，
推廣食農教育，
主要農產品是有機無毒蔬菜，
從食物產地把關消費者健康的源頭。

花園繁花盛開、萬紫千紅的美，眾人皆喜愛。走進輝要有機菜園，發現這菜園也美得七彩繽紛，非精雕細琢之美，而是豐饒、圓潤之姿的健康美。走逛其中，就像是進入一童話般的趣味農莊，雞、鴨、鵝恣意散步，動物與土壤的味道穿插其中，孩童從古早的壓水井取水玩樂，金黃南瓜、紅黑桑葚散著誘人果香，滿片葉肥色鮮的蔬菜毫不保留的展生機，一角落還飄來陣陣窯烤麵包香，主人邱顯輝夫婦則帶著純摯笑容，為每位到訪的客人介紹著令他們驕傲自信的無毒蔬菜。

這樣宛若避世的農莊，卻就在新北市土城區老彈藥庫內，距離捷運土城站走路十分鐘的距離。

堅持確保人與土地的健康

返農已經二十多年的邱顯輝，對於當初從一上班族，為照顧年邁父母，因而回家同父母一起耕作，到接下水稻田的「故事」，在輝要有機菜園的無毒蔬果於許多農夫市集獲得好評，打出知名度後，已述說過無以計次。

但就算「成名」已久，邱顯輝仍不改其純樸爽朗的本性，耐心地細說從頭，說著輝要有機菜園如何建立社區支持型農業（Community Supported

除了種有機蔬菜，邱顯輝也與兒子一起研發窯烤麵包與pizza，讓菜園裡的有機蔬菜成為更多美味。

Agriculture，簡稱CSA）的經營模式，走精緻農業路線，以栽種及販售有機無毒蔬菜為主，同時開放農場給客人參觀、企劃農事體驗等，這些都是在臺灣此類觀念模式不普及時，就已走在前段班，備受注目。

說故事的同時，邱顯輝也赤著雙腳在農園中忙碌著。

「我每天可是穿著『皮』鞋上班，這樣才健康、接地氣，還能把體內靜電放掉。畢竟農夫真的很辛苦，要經常踩踩土地解除疲勞。」

沒錯，是二十多年來累積的辛苦，造就這一片豐饒有機菜園。邱顯輝起步的農夫生涯，並不如自己所想，以為在職場打拚近三十年後，可以放鬆地種種菜、養養雞鴨，過著半退休又單純的田園生活。

剛開始接手傳自父親的農地，邱顯輝就面臨

土城彈藥庫內近百公頃綠地，因政府規劃籌建司法園區而將被徵收。為主張農地農用，他與其他居民走向街頭抗爭，最終獲得保留一塊城市綠地。接著，因一心將原本父親傳統慣行農法種植的農田，轉型為有機無毒農法種植，邱顯輝慘淡經營農園數年，只賴勞保退休金過活。

「做雞要啄，做人要翻啊。」邱顯輝感嘆著要努力打拚才能活得下去，遇到困難，也要懂得翻轉，縱使開始得辛苦，卻未放棄，他四處學習，在新北三芝臨海農場劉力學指導下，利用廚餘堆肥方式改良土壤微生物相以提高生產力。堅持不施用農藥，確保人與土地的健康，積極不走回頭路的朝有機農業轉型。

雖然菜園規模不大，但他巧妙運用田地與數間溫室，選擇共榮和忌避作物交替互換著種植多樣作物，順應天時，也提供了豐富的生物多樣性環境效益，兼顧生態平衡，也可減少病害的發生。

幾年下來，輝要有機菜園的有機蔬菜產量逐漸穩定，不僅提供消費者吃得健康外，農場裡也有餘力進行著一場場生態教育，教導鄰近都會區大小朋友認識蔬菜及珍惜食材。

上 邱顯輝一家三代共同投注心力於有機菜園的耕作，歡樂、健康。

下 消費者可親自拜訪菜園，親近自然，也與生產者對話。

建立消費者的信任感

近年，在中央與地方都積極推動下，或抱持對土地、對環境的關懷，返鄉務農形成一股新創業熱潮，青年、中壯年紛返鄉繼承家業或覓一良田耕作，重新回到土地上，爭相加入務農的行列。

看著「小農」成為熱門行業，身為回鄉務農的前輩，邱顯輝語重心長地說：「務農這些年，我每天清晨五點半起床，就忙到晚上七、八點，雖說耕種這件事只要勤勞，人人都可做，但你若不勤勞，則建議你根本不要踏入。況且現在農業也和以前不一樣，不能只會種，要有成本概念。你要先設定種什麼作物？怎麼

雞是輝要有機菜園的員工，幫忙吃掉有機堆肥旁的蛆蟲。

萬物時令

四月芒種雨，五月沒乾土，六月火燒埔

農諺：「正月蔥，二月韭，三月莧，四月蕹，五月匏，六月瓜，七月筍，八月芋，九芥藍，十芹菜，十一蒜，十二白（指白菜）」。翻開邱顯輝的「武功祕笈」，記滿了許多前人的智慧與經驗，什麼時節該栽種什麼？有著怎麼樣的天候預估，都一一歸納總結，跟著節氣來種菜。

行銷作物？你要賣給誰？你種得起來但沒有市場，或你有市場卻種不起來，都是沒用的。」

沒有商業的華麗文藻，邱顯輝就是以他多年來最實際的經驗來說明菜園的經營與維護。他堅持用有機無毒方式來栽培耕作，無論是培育有機堆肥，或是改善土壤品質等，都花費大量心力去學習與嘗試，絕不使用對蔬菜本身、對農夫、對土地都有害的農藥。方方面面建立起消費者對農民的關心與信任感、對蔬菜產地與履歷的關注。

談話間，邱顯輝翻出幾本明顯翻閱多次的筆記本，上面密密麻麻的寫滿了關於他對農務的所讀、所見、所得，有勵志自惕的「農者為天下之大本」、「沒有不能做的事，只是要不要做而已」；也有有關施肥、土壤、除蟲害的「有機耕作三要素：品種、環境、土壤」、「鳳梨需酸性土壤、火龍果鹼性土壤」、「冬天用肥多（可忍受高濃度）、夏天用肥少（濃度低）」，也有「種田沒師父，肥料撒重就有↓吃飽；種好種，卡贏落重肥↓吃巧；顧肚子，也要顧環境↓吃健康」。他笑說這是他自製研讀多年的「武功秘笈」，字字句句，或農民學院進修時抄錄的筆記，或前人的智慧，更是自己的農耕心得。

另外，邱顯輝不藏私地分享他的重要策略：「人家沒有的，我有；人家有的，

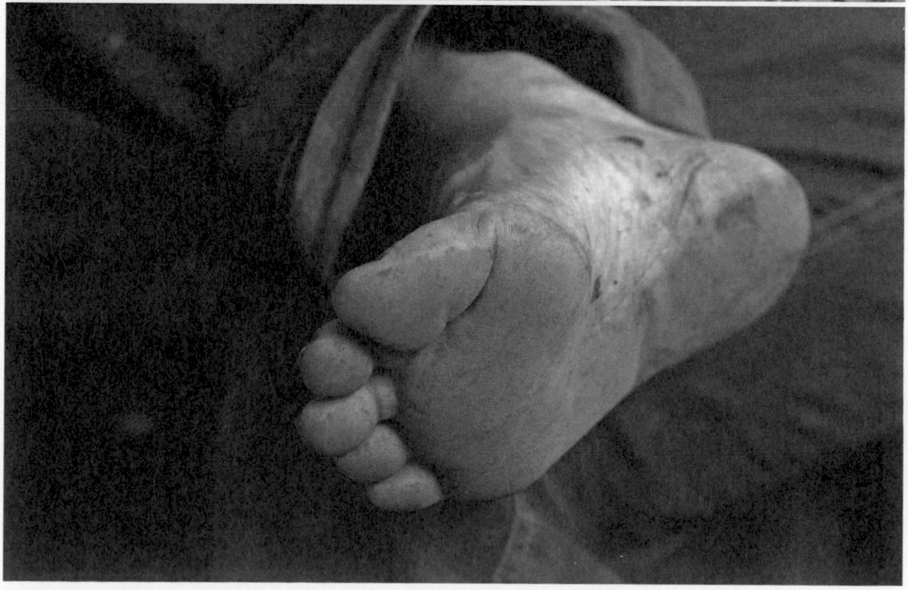

上 色彩鮮豔的七彩波菜十分吸睛，這也是邱顯輝的策略：種市場少有的東西。

下 邱顯輝每天赤腳踩土地，以接地氣、解除疲勞。

我要優；人家優的，我要跑。」

除了建議「在地生產、在地消費」，消費者應向當地種植有機友善的小農購買，達成減少食物里程，及永續環境的目的外，邱顯輝同時思考著「種東西不要種市場有的東西」。少量多樣、適地適時適種、交替輪作選擇當季種植農產品，不僅可讓作物、生態及地力平衡與生息，也能使消費者有更多食材的新鮮選擇，通路銷售自然不成問題。

所以，從常見的地瓜葉、韭菜、小白菜、空心菜等，到鹿角A菜、羽衣甘藍、明日葉、七彩波菜、巴蔘菜、野莧菜、馬齒莧、活力菜、芝麻葉、東昇南瓜、栗子南瓜等等，及周邊加工產品，輝要有機菜園所栽種的蔬菜種類十分眾多，部分品項市面上還甚是少見。

這讓輝要有機菜園的蔬菜，在農夫市集裡十分搶手，不僅擁有一批忠實老客戶，也容易吸引新客戶的注目。不少客戶還固定會到農場取菜、訂菜，以獲得當日現採的新鮮蔬菜，為自己的餐桌安全加分，也以消費力為土地與自然永續生存表達最佳支持。▣

上　數本武功秘笈皆是邱顯輝多年來的學農心得。

下　輝要有機農園將永續觀念傳承，讓孩子生活的健康、快樂。

產地拜訪，食農教育的實踐

「如何吃的健康、吃的安心」，經歷多次食安風暴後，大眾對吃審度慎思。農夫也著手落實食農教育，提升消費者對所購買的農產品、農民、農業與土地的信任感。

在輝要有機菜園裡，因對象與需求的不同，設計多樣食農教育體驗，不論是參與田間勞動、種菜、拔菜，或是手作芋圓、地瓜圓，都有著許多新認知與樂趣。

「大家多吃過龍鬚菜，知道龍鬚菜來自哪？」經邱顯輝實地帶領，原來，龍鬚菜是取於「佛手瓜」的嫩芽，我們食用的是嫩梢部分的嫩葉與捲鬚似的莖蔓，因此俗稱為龍鬚菜。龍鬚菜也因生命力強，且很少受到病蟲的危害，種植時不需要

噴灑農藥、化學肥料，種植成本低，堪稱物美價廉又天然的野菜。

「可知南瓜花朵有分公、母？又是如何區分？」只見邱顯輝邊梳理枝蔓，邊告訴大家南瓜有分雄花和雌花，開花後，需經過授粉，才能結出南瓜。而要分辨南瓜的雄花和雌花，可從花的外觀判斷，簡單說花瓣下沒有「肚子」的是雄花，有一凸出肚子的則是雌花。另外，雄花花瓣裡有直直一根的「花藥」，而雌花有三瓣合在一起的「柱頭」。清晨將雄花花藥裡的花粉，塗抹在雌花的柱頭上，授粉後就會長出南瓜。

食農教育體驗，不僅為著吃的安心，也可知曉農耕的辛苦、呷菜也知道菜是怎麼栽種，活潑有趣的體驗設計，在人和作物、環境間互動的同時，也讓現代人忙碌的生活步調裡有著心情轉換。

李茶・田菁

力行少即是多「減農法」

秉持生態友善、
全人的方式對待土地和人。
月見學習農園，和土地緊緊黏著，
學習分享土地教我們的事。

李茶&田菁

李婉甄，綽號茶；李玉菁，綽號田菁，
月見學習農園 OVANH 常駐管理員，
耕作主力是金棗、水稻、黑豆
和少量雜糧蔬果，
有月見米、手作蜜金棗
及自家農產加工品等。

長春花蔓開著紫紅、白色五瓣小花，兀自佇立於牆縫，只要有一瞇瞇土，它們就開得無日不花，但人們可能太習慣了，完全視而不見，頂多視作野花雜草。然而，它們對氣候溫暖的臺灣卻不離不棄，全年幾乎天天開花，又被稱為「日日春」或「月見」，是一種花期很長、生命力頑強的植物。

李茶、田菁共同打造的農園，即以「月見」為名，取名為「月見學習農園」，希望農園跟長春花一樣強韌。擁有堅毅生命力，在貧瘠的土壤也能盛放。且能做大自然的學徒，傳承老農的經驗，參與夥伴的教學相長。

月見學習農園地處宜蘭縣員山鄉水源頭，一方友善耕作的水田外，田菁和李茶幾乎每天巡走金棗園、黑豆田、芭樂園、茭白筍田，從播種、插秧、撿螺、除草、移秧、整地、開溝一一親作，汗流浹背、日晒雨淋是日常，但無論是不用農藥、化肥，概以人工除草、人工撿拾福壽螺；或是在芭樂園少用套袋、留給蟲鳥多一些可食果實，減塑使用包材，少即是多的「減農法」，都是月見的新嘗試，也是企圖達成生態和生產平衡的身心狀態，這是一延續土地豐饒、生活有滋有味的大家園。

上 水稻田裡的福壽螺撿拾起來可做液肥。

下 月見學習農園自產珍珠芭樂和紅心芭樂，皆採用生態、自然的耕作方式。

在土地裡找答案

這一天，多雨的蘭陽平原沒有雨，艷陽高張，在員山的一塊田區，找到正低頭移秧、拔稗草的李茶，她正忙於完成既定的田間工作。於是，一人蹲在田埂上大聲喊問，一人走動於田中低頭拔草間抽空回答，完全「野生」模式，在綠秧中展開。

李茶提到，自己打臺中來，大學畢業後在誠品網路書店工作，當二〇〇九年八八風災時，新聞中幾幕土石流的畫面讓她感應強烈，不由自主地哭出來，她心切地想找答案。

「若土地是答案，我就回到土地找答案，靠近土地。」不顧一般人對農業的鄙視，認為「做農，沒出脫」，李茶離開豐原，辭卻坐辦公桌的輕鬆工作，來到宜蘭員山開始做一位農夫。

「因為自己喜歡，就想試試看。第一年有點忐忑，但到了第二年，我就知道自己可以做下去。尤其是那時又發生二〇一一年的三一一東日本大震災，多少人家破人亡，大地受地震摧殘、海嘯侵襲，這些都更讓我堅定靠近土地、保護土地的決心。」當時長期反核的李茶，不想讓臺灣成為下一個福島，一方面參與抗爭

李茶與田菁從都市返鄉，延續土地的豐饒。

一些不好的政策，也面臨到奶奶安詳離開，宜蘭、臺中兩邊跑，很多農事沒做到，後續因而付出更多代價，花了很多時間來彌補。而每當她整天埋首田區除完所有草時，那五味難辨的感受紛紛湧上來，她自問她的人生有沒有更重要的事要做？為何一天要花在田裡十幾小時？她的答案是：「沒有。每年天氣不一樣，面對極端氣候，沒有一個農夫可以說駕輕就熟，我是農夫，除了焦慮與抗議，我堅信做好眼前的事是最重要的。」

所以，別人用除草劑一下子就把草殺光光，李茶寧可花一百

國中生在月見學習農園黑豆田裡，親自體驗拔除雜草。

多天徒手除草，減少對土地的傷害。她相信自己的做法對土地是加分不是減分，可以一直重複樂在其中，可以一直做下去。不僅如此，她還不斷思考，可以怎麼輕鬆做？怎麼可以更好？而不是要不要做下去而已，這是以前的工作經驗從未帶給她的感動。

李茶移居宜蘭，踩在土地後開始學種植，在宜蘭這塊淨土上已耕耘多年，於半農半社運的路上找到生命的著力點。這期間，她的網友田菁，是宜蘭在地農家子弟，過去只懂讀書，也和許多人一樣離鄉到都市工作十多年，看盡了市場經濟的運作，為求最高利潤而產生許多無良的食安風暴，遂決定返鄉重拾與土地的聯結、學習從農，和當時已有四年耕作經驗的李茶，一起共同管理月見學習農園。希望能實踐出對環境好的生活方式，並且直接聯結消費者，邀請消費者接觸田地，用

月見學習農園古法釀造的陽光醬油，從黑豆種植到豆麴皆自種自製。

自己的手眼作驗證。

李茶和田菁關心土地議題、環境運動，從坐辦公室吹冷氣轉到直接面對日晒刮風下雨的務農，在月見學習農園，憑著素樸的想法往前摸索，在員山種稻，她們不僅想找到「餓不死」的生存之道，也想讓親朋好友及更多人吃到健康無毒又便宜的糧食，打造出友善耕種、無農藥、無化肥的月見米品牌。

做好自己，再共好共存

半農半社運的李茶，從事社會運動多年，長期接觸底層的人民，對於許多議題不斷思辯，例如，以經濟利益為導向制定政策，對土地、空間會造成什麼傷害？造就多少弱勢族群？小農有心返鄉種稻，又有多少是無地可租？糧價低落？

月見以不施農藥的方式照顧金棗園及水稻田。

「核能，對社會環境造成這麼多傷害、相斥，這對我衝擊很大。生而為人，除了抗議，我還能做什麼？我認為有效的跟大眾講是很重要的，要讓別人感同身受、有感覺，這是需要學習的，用各種方法呈現，找到好方法的關鍵。把我們在做的事告訴別人，讓大家不要只是看到資本主義的消費，人生不是只要賺錢、消費，可看看大自然。不能說我就是對的，但我知道我做的事、我看重的東西，能更有效的傳遞在別人心裡，就很高興。」

李茶認為做社會運動，就是試圖帶給人改變的可能性，雖困難，從身體力行做自己的事情開始，比講更重要。於是，她又在田裡低頭做自己的事。半農，這生活很美好，所以她來做，也在原來生活走出來做自己的事。

確定方向就努力做，於是，田菁和李茶夥同宜蘭員山的青農，一起合資打造「共好農企社」，期許「農友共好、生態共好、生產消費共好」，提供有機或友善耕作的稻穀冷藏、碾米、包裝，做到一條龍服務。也成立「八十佃穀倉」的食農品牌，提供校園校外教學、深度親子旅遊等需求，規劃農事體驗、農機體驗、碾米場導覽、手作教學等活動套裝，將古名為「八十佃」的宜蘭大湖地區好山好水和特色農產推介給大家。

田菁想分享土地教會她們的事給更多人知道。她走在承繼自爸爸的金棗園，以爺爺留傳的農具和方法學著水稻傳統育苗和耕作，她從門外漢一腳踏進農業，發現農村有太多東西可以學習、亟待處理。大地也是神奇的，有著許多療癒力，植物的生命力也很強大，只要維護好一個生態環境，孕育的土壤、涵養的水質，

萬物時令

雨水節，接柑桔

當節氣來到「雨水」時，正是柑桔接枝的好時節。而時序二月值立春雨水交界時節，橘、柑、桔、棗等水果正當令，其中金桔又稱金橘、金柑，加工釀製的慣稱「金棗」，宜蘭產量占全臺90%以上。小寒，是宜蘭的金柑採收季節。

田菁、李荼與宜蘭員山青農，合資打造共好農企社，提供有機或友善耕作的稻穀碾米、包裝等。

天然資源不被破壞，就不是人們在種植物，而是植物會靠自己的力量茁壯。

摘下幾顆被鳥吃過的紅心芭樂，田菁一點也不心疼，她說有機不只是種植面，更是精神面，她在田裡學習和草、蟲、鳥等其他動植物共存。她自信地說：「希望消費者走進田裡認識我們，不要用標章來認識，走進田裡直接認識農夫，從這裡做認證。」■

走讀地方

在宜蘭八十佃秘境探湧泉

大湖，位於臺灣宜蘭縣員山鄉，雪山山脈山腳下，是指金大安埤，在地人俗稱為「大埤」，又稱為「西勢大湖」，水源來自水量豐沛的雪山山脈，是一天然山間湖泊，由天然泉水匯聚而成。「八十佃」則是大湖地區的古地名。

大湖風景遊樂區創立於一九九七年，以大湖為中心，面積有數十公頃，四周有良田果園環繞，雁鴨、水鳥等候鳥棲息，還有許多動植物落腳，是一擁有珍貴原始生態資源的好地方。

湖邊有一處天然山壁自湧泉，潺潺水流、終年不止，在地人常汲取泉水於此，總見許多人拿著大桶小桶來此汲水，大自然水的奧秘在其中。

延著環湖步道走，山、湖、泉、田，波光鳥鳴蟲叫。

謝佳玲

想把田留給鳥兒 跟小鳥一起種田

種田，是把想法化作實踐，
從愛鳥出發，
讓土壤、環境、生態、人，
都可在這片田地
自在、快樂的生存。

謝佳玲

喜歡鳥，大家多稱呼她為「小鷗」，
小鷗米的生產者，
田區位在宜蘭員山鄉深溝村，
不用農藥化肥，也沒有用除草劑，
想把田留給鳥兒，和鳥一起種田。

從第一次與「小鷗」謝佳玲連繫，她方方面面都考量到當時才三歲的兒子「糠糠」作息與狀況，語帶抱歉卻也堅定地表示需配合照顧好糠糠才能約訪。在社群媒體上，也看到多張小鷗以厚實背巾揹著糠糠、推著犁田機犁田的照片，不免心想：太辛苦了吧！這不是早期臺灣農業社會才有的畫面？

時至與謝佳玲見面當天，就見被陽光晒得黑黝，或因下田工作而身形並不纖細，笑容更是豪邁的小鷗，時刻溫聲細語地陪伴糠糠，仔細照顧滿足糠糠的需要，長時又細膩的育兒生活，又兼顧農夫勞作，莫不是女超人？小鷗笑著說：

「我是伴鳥農夫，我的先生猿人吳銘原是小鷗米的長工，而糠糠為小鷗米吉祥物兼儲備幹部。我覺得自己當上媽媽，就是踏上一段英雄旅程，從糠糠出生日常親餵、換尿布、拍嗝、哄睡到維生居家環境整潔，無一不親身為之，累不累？當然累，累到寫文案的力氣都沒有，甚至一度想取消認穀制。幸好也感謝家人與鳥友們的一路支持，讓我能有一個這麼貼近自然的工作，可同時順應孩子天性發展，這是一個非常棒的育兒生活樣貌，也是一條更貼近自然親子互動的路。」

糠糠的出生擴充了小鷗的農村新視野，從懷孕到坐月子，周遭一群友善耕作小農，提供小鷗新鮮健康的青菜水果；農友與鳥友的互助合作與應援，讓小鷗米每年依然穩定生產，陪伴孩子、把田留給鳥兒，是農夫媽媽的快樂，同時希望大地之母健康，得以讓「懷孕、養胎」的稻子獲得充足營養，誕下健健康康的無毒稻米。

育兒生活與農夫勞作是謝佳玲時時兼顧的日常。

讓喜歡的鳥在田間飛翔

來自苗栗的謝佳玲，小時候玩泥巴是日常，青少年時拿起望遠鏡賞鳥是興趣，長大了投入環境教育工作、保護地球是心願與責任，她進入野生動物保育研究所深造，擔任數個鳥會解說志工、員山生態教育館的生態導覽員、在人禾環境倫理發展基金會工作數年，常常舉辦環境教育活動，積極投身於她所熱愛的領域中。

謝佳玲也曾是批踢踢的資深使用者，在許多農業相關議題，把自己的想法與其他鄉民互相切磋。大埔毀田事件，一位鄉民嗆她：「叫妳去種田要不要？」是長年對務農的夢想與渴望、也帶點意氣，謝佳玲辭掉工作，來到宜蘭員山鄉開始種田，把想法化作實踐。

不過，過去是理論，化為實際行動，小鷸也老實說：

「一開始下田，早上常起不來，很辛苦、很累，感覺整個生命節奏都不一樣，除稗草時也總是會不小心除到稻子，不過多年除草經驗累積下來，失誤率已很低很低了，現在種田是一種生活。」

謝佳玲拔除著田中的一棵棵稗草，就連糠糠也下田幫忙，就因她堅持不用除草劑。「拔草其實好療癒的，尤其是在別人的田拔草更是輕鬆愉快。」小鷸開心地

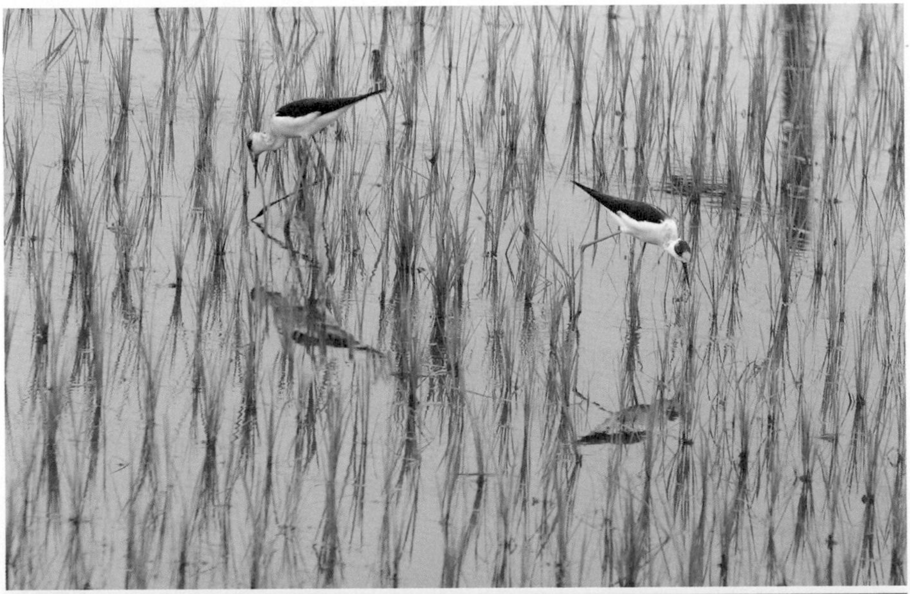

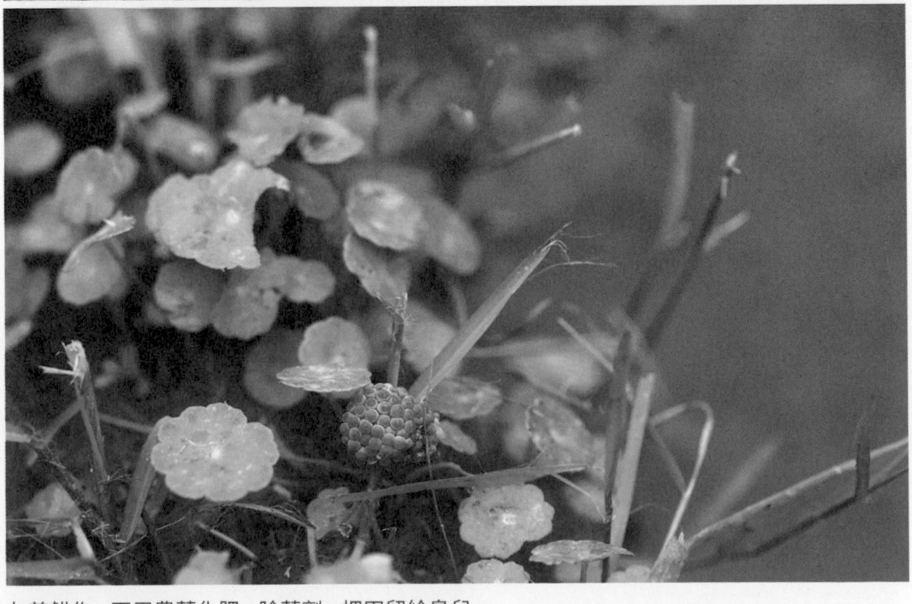

友善耕作，不用農藥化肥、除草劑，把田留給鳥兒。

笑著，因為這也包含著她自己種田外也與農友們合作的心意，她創辦「小農應援團」，是一與農友聯誼互助的服務學習社團。

小鷸米包裝袋上也直接有謝佳玲簡單直白的自介：「嗨～我叫小鷸，我想把田留給鳥兒，跟小鳥一起種田。」不僅道出小鷸米的由來，也破題了謝佳玲以種田這個行動來實踐她重視農業生態的價值觀。她不用農藥與化學肥料摧殘土壤，手工除草絕不使用除草劑，培養土壤是基礎，以完善照顧好田區的生態環境，也不架捕鳥網，放棄開墾水位較高的農地，把更多更大的空間留給鳥兒棲息與飛翔，把田留給鳥兒，讓鳥兒在這片田地可以開心玩耍。

不分年齡一起守護環境

喜歡賞鳥，自稱「伴鳥農夫」的謝佳玲，從開始務農即以友善環境的耕作方式種植水稻，也邀請認同理念的鳥友與農友共同承擔留田給鳥的機會成本。為此她不惜斥資購買器材，在田邊架起二十四小時自動攝影機，每日觀察有哪些鳥朋友來到田裏，當看到白腹秧雞、紅冠水雞、高蹺鴴、彩鷸、花嘴鴨等都在鏡頭下出現，她覺得一切都值了。

小鷸稱自己是伴鳥農夫，兒子糠糠是小鷸米吉祥物兼儲備幹部，會幫著媽媽出貨。

年輕人回到農村、投入社區推動地方創生，成一股新創業熱潮。

謝佳玲自己耕田外也與農夫合作，結交非常多農友，走在田間路，就見她不停和或經過、或低頭耕作的農夫們打招呼，也都可聊上幾句各自田間的狀況。謝佳玲笑說自己被身旁農友稱為「蘭陽平原上最愛講話的小農」，因為：「沒辦法啊！我每天需要講很多話才能達到自我身心平衡。」

這樣熱情活潑的謝佳玲創辦聯誼互助的服務學習社團「小農應援團」，也在石頭厝的工作室裏，提供實習學生或新農可以打工換宿的機會，於是中午有人輪值負責料理，午餐時間各自從田裏回來，吃著自己種的米與自己種的菜，稍午休後又共同來到田裏，今天一起幫除這家的草、明天幫插那家的秧，歡歡樂樂間農夫好忙、農夫也好快樂。

依照四時節氣辦理特色農事體驗活動，則是

田間架設的24小時自動攝影機，捕捉到鳥嬌客。

謝佳玲另一忙得快樂的活，有針對各級學校的農業培訓課程，也有為一般民眾舉辦的鄉村體驗，春天插秧、夏天收割、秋天挖蓮藕、冬天採摘蔬菜，希望帶領青年學子實際踏入田野，也期待有更多人走進農村，認識與了解生態、農業及農村，進一步看見農夫的視野，體會著來自土地最真實的脈動，再結合專長發展出友善環境的行動，匯集更多支持友善農業的力量。

所以，可以看到斯文秀氣帶著眼鏡的大男

萬物時令

春分前好布田（插秧），春分後好種豆

這是指臺灣北部地區的農業現象，二十四節氣中來到春分，家家戶戶開始忙於稻田插秧，南部地區的插秧時節則更早。

在宜蘭，因苦楝樹種植數量特別多，也有著苦楝花開，做為春天到來的指標，苦楝花香瀰漫的日子，就可真實感受春天來了！

鷸見、久窩是小鷸米出品的中式白酒。

孩、臺大城鄉所畢業的秀氣女孩、穿著細肩帶不怕晒黑的熱情辣妹，都一起穿著雨鞋走入田中除草、撿螺，這些二十歲代的青春臉龐說：

「理論和知識性的想法，要付諸行動。」

「種田不是文青式的想象，相對於主流價值觀的好，好的定義應因人而異。」

謝佳玲也歡笑著說：「這裏歡迎努力的、善良的、願為環境付出的一起來聊天、一起好好生活著、一起支持這片讓鳥兒開心玩耍、讓青年學子成長的田地。」

因為在環境教育這條路上、因為在土地上，謝佳玲收集到很多可愛的小故事，這些不是只為賺錢，而只是盡力維護田間自然環境的樣貌，不用農藥或化肥來進行植栽養護，維持棲地多樣性，讓人與鳥都能在田野間繼續快樂生活的農家物語，一直在發生。■

走讀地方

到深溝村農夫家作客

宜蘭員山的深溝村，二十幾年前如同臺灣大多老舊傳統農村般，年輕人出走，只剩老人在此以慣行農法耕守著家族農田，漸漸零落、沉寂。

現今走入深溝村，可看見水鳥飛翔、蛙兒鳴叫，朝氣蓬勃的年輕小農，穿著或辣、或另類的服裝，邊彎腰補秧苗或除稗草，邊吆喝著今日農事結束後一起喝杯沁涼啤酒。

這裡，自二〇〇〇年「穀東俱樂部」創辦人賴青松來到宜蘭從農，開耕了第一塊友善田地，也種下了新的契機。逐漸吸引聚集了願意投入友善農法的青農，小鷗米的謝佳玲，當年在賴青松的引介下，在深溝村種稻、成立自己的品牌。不施灑農藥與化肥是他們共同理念，開創臺灣新農村運動，也為食品安全、食農教育立下許多典範。

許多年輕人來到深溝，過起半農半X的生活，人回來了，小農市集、綠色餐廳、特色民宿、書店十農產直賣所都進駐了，這裡不再安靜無聲，許許多多都市移居的小農故事在這兒正發生、正改變，讓人看見了永續城鄉的可能。

王有里

歡迎大家來我的茶園看螢火蟲

大自然平衡了，
就充滿生機，
人、茶樹、昆蟲、動物生態
都可一起共好共榮。
一壺有機甘茶，
盛裝的是自然與土地的芬芳。

王有里

九十二年神農獎、
九十三年製茶競賽特等獎得主，
經營生泉全有機茶園，
栽培有機作物。

這一天要到坪林「找茶」，從坪林老街，車再往山區開去，目的地是「生泉全有機茶園」，行經幾個山路彎彎，GPS訊號消失了。翠峰層巒間，真是空茫四顧找不著方向。憑著先前看過的地圖印象，加上遙遠才可見一二的路標，路越來越窄，終於攀山越嶺來到山頂上的最後一戶「生泉全有機茶農王有里的住家。

半頹圮的土牆老厝和新蓋的鋼筋水泥屋立於茶園和菜園間，屋前空地，一體型瘦削的中年男性蹲著修理農用搬運車，他就是榮獲行政院農委會九十二年神農獎的有機茶農王有里，不及招呼入內，他先歉聲說：「沒法度，攏愛嘎己來。」

在這海拔六百多、偏遠的坪林鄉間，確實能凡事自己來才是王道。找人來修理或下山修理，都耗時又耗力。就連新屋，也是王有里自己蓋的。這幢在都市可說是謂為流行的「清水模建築」，沒有任何塗裝、素顏又方正，挑高的樓層，一側是烘茶、製茶空間，掛著眾多獎勵和認同的匾額，包括神農獎獎牌。正面廳房設有神明桌，地上攤晒茶菁待萎凋，一角放著茶桌，全無多餘裝飾，甚顯空蕩。修完器具進來的王有里，帶著樸憨靦腆的笑說：「來泡茶」。

來到茶鄉，來到茶農家，當然要泡茶，飲一杯回甘芳醇。

在生泉全有機茶園飲一杯獨具色香韻味的好茶。

農藥傷的是農民健康

在熱氣氤氳中，甜潤甘香的茶湯涓涓入喉。是春茶嗎？可買一包嗎？

「沒啦！今年的春茶沒啦。早就給人訂光了！」

不是王有里傲驕不賣，是因為他在三十幾年前，就堅持有機栽種，要把祖先留下的乾淨土地，無汙染的留給下一代。而他友善環境的有機栽種方式，產量本就少，不時受天候影響還會更減，且需大量人力於相對季節投入，所以茶葉產量每年都供不應求。想買但沒預訂，是買不到的，更常是沒茶可賣了。

王有里的茶園位於坪林高山上，這裡是翡翠水庫的水源保護區，影響著大臺北地區用水。百年前，王有里先祖開始在這裡務農種茶，傳承至他已是第七代茶農。艱困環境，讓他幾乎打自小兒學步起就到田裡工作，回想過往，看向一旁的最佳助手王太太，打趣說：「到我當兵回來，都沒有人願意把女兒嫁到這。」生活雖然艱苦，但他幼年的坪林蛙類滿多，仍記得一整年翡翠樹蛙短促的「呱～啊、呱～啊」叫聲。

直至七〇年代，坪林對外公路、產業道路一條條打通，交通方便了，山裡也開始供電，為著賺錢，茶農把效果顯著的化學肥料、農藥一袋袋運進山裡。不料，當時王有里年僅十九歲的三弟，卻因農藥中毒辭世。本為了治土、種好作物、提高茶產量而噴農藥，以養活家人，卻沒想到農藥殺死了蟲跟草，也損害農民健康，讓王有里淚失親人。

王有里痛下決心不再讓自己的茶園施用任何農藥與化學肥料，讓生態系統能保有原來的運作模式，茶樹與雜草、害蟲與好蟲都能共存共生。在追尋茶葉產量、品質外，並重健康安全，同時要給大臺北地區清潔乾淨的飲用水。

茶園生態自有平衡

三十幾年前，有機栽種的知識與資源尚不豐足，在茶葉改良場文山分場的輔導下，王有里思考老祖先種茶的精神與智慧，不斷尋找、嘗試有機栽培的方法。起步挫折連連，看天吃飯外，只能採收丁點茶葉，拿來買肥料、茶苗都不夠。不使用農藥的茶園，蟲害及病害自來報到，草除不盡、蟲抓不完，這些困難不曾讓王有里退縮，他撐過來後反而領悟許多自然與人生哲學。

王有里與妻、女一同製茶，為留下乾淨土地一生懸命。

「每年大自然帶給我多少茶葉，我就賣多少！我也發現茶樹有蟲，就不要去抓牠，蟲不只永遠抓不完，反而像人一樣，在這受到威脅，就會另找他地求生存。當蟲意識到有人為干擾，就會到處跑、到處產卵，反會讓更多茶樹被啃食、感染蟲害。」王有里發現，當他不抓蟲、不趕牠們了，蟲反而只在特定範圍吃茶葉，也不會到處產卵，而且茶園裡自會有天敵出現對付病蟲害。這些只吃害蟲、不吃植物的瓢蟲、蜘蛛與蛙類等，是大自然的平衡系統，也讓他的茶園生機盎然。

天然平衡之道，也在農人討厭的雜草、除草間巧妙呈現。王有里觀察到當茶樹被雜草這個競爭者刺激，扎根反而比較深，草也會把土壤中的養分如氮磷鉀，送來給茶樹，讓茶樹吸收更營養、健康，而且茶園有了雜草，每年四、五月會迎來閃亮亮的嬌客—螢火蟲。

「螢火蟲出沒的季節，我都不除草的，歡迎大家來我的茶園看螢火蟲。」王有里尊重在這片土地上的所有居民，螢火蟲、野兔、青蛙都因他不「鏟草務盡」而在茶樹與雜草間安然生活，堅定不噴農藥，更是孕育出豐富生態，包括土裡數不盡的昆蟲微生物，人與茶樹與動物生態在此共好共樂。

王有里的五公頃農地全面通過相關驗證單位的驗證，全都是有機田，這也是茶園名叫「生泉『全』有機茶園」的由來。雖然目前只栽種三公頃多的農地，但茶葉生產量開始慢慢回升，包種茶、美人茶、綠茶、紅茶等四季都有產期，這些有機栽種的好茶，讓茶農種的安全，消費者也喝到安心健康的甘醇好茶。

傳承土地與製茶工藝

幾位上了年紀的阿嬤們，在近午時，帶著一袋袋手採的茶葉回來。王有里邊扎實用力的將茶葉團揉成球狀，邊笑說：「現在不是採茶姑娘，都是採茶阿嬤，太辛苦了，年輕女孩沒有人要做啦！」

一旁卻有一位嬌小的年輕女孩，把剛採收回來的茶葉一一倒

上 從種茶到採茶、製茶都是辛勞又兼顧品質的過程。

下 王有里是坪林地區有機耕作的先行者，寧可產量少也不放棄有機耕種。

出細心攤晒，她是王有里的女兒，目前就讀臺大園藝研究所，從小看著爸爸為這片有機茶園、這塊土地付出，縱使不捨，也一起撩落去。女兒高學歷有著學術理論做基礎，加上實務操作，頗有不輸父親之勢。

自謙只會種茶、沒讀冊的王有里，看著女兒驕傲地說：「我老了，除了經驗更豐富外，年輕人有想法，就會讓他們去操作，只要有人願意更進一步學習，不管是誰，認識不認識，我都願意教，把知識分享出去。我每每要來訪的年輕人想知道什麼都問我，這樣吸收比較快。人唯一帶走的只有技術，其他帶不走，萬一我死了，這些技術也才能留下去，這是生命的永續。」

王有里的女兒與父親一起為有機茶園、無毒土地而全心付出。

驕傲與感慨中，王有里也對女兒願意承接辛苦的耕作有著捨不得，不惜放掉產量，將老舊茶園較窄的行距，一一修整，老茶樹挖掉、種新茶苗，這需要三年才會再有正常產量。

「畢竟在老舊茶園工作很辛苦，通風

性不好，行距窄，採茶機具進不來，又難找採茶工，小孩子願意接，工作環境就要改變。把行距拉寬，機械可進去，以後做起來才得心應手。」

這是父親對女兒的愛，也是現今茶園的困境，王有里深知農夫與茶農要傳承種茶、製茶的本領，年輕人才是希望，他極願意把看家本領搬出來，教導下一代在學術理論基礎外，如何套進實務，且進一步運用、宣講。把茶葉帶到新世代的生活，翻轉喝茶、泡茶是老人行為的印象，發展茶園生態導覽、有機茶餐、製茶體驗等，讓關心人、土地、生態，不再只是一口號。王有里，堪稱最真實的生態老師。■

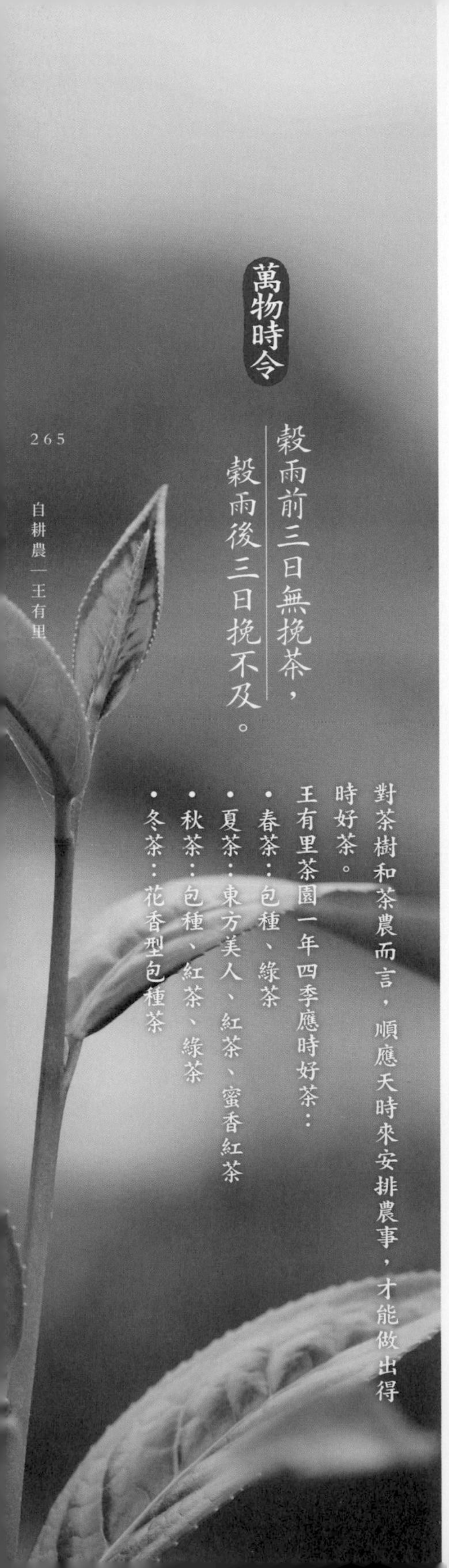

萬物時令

穀雨前三日無挽茶，
穀雨後三日挽不及。

對茶樹和茶農而言，順應天時來安排農事，才能做出得時好茶。

王有里茶園一年四季應時好茶：
- 春茶：包種、綠茶
- 夏茶：東方美人、紅茶、蜜香紅茶
- 秋茶：包種、紅茶、綠茶
- 冬茶：花香型包種茶

顧好生活

一步也馬虎不得的製茶工藝

坪林原是種柑橘、稻米之地，曾經歷過茶業鼎盛時期，還只是毛茶階段就有人搶購注文。

如今盛況不再，種茶農夫們仍秉持著依靠氣候與深厚經驗看茶製茶，對來客奉茶、品茶間，滿溢味道、香氣及人情味。而看似標準化的製茶步驟採摘茶菁↓日光萎凋、室內萎凋↓浪茶（翻茶）↓炒菁↓揉捻↓乾燥↓團揉↓烘焙↓靜置↓回火↓精緻烘焙，實則每一過程都需工夫與經驗來調整，才能烘焙出品質穩定的好茶。

惜魚掛

徐承堉

帶著小學生吃有刺的魚

用專業追求漁業永續，
透過食魚教育增加全民共識。
關於海洋資源永續，
生產者有責任，
消費者的參與和選擇
更是最大的力量。

徐承堉

湧升海洋股份有限公司、
RFI責任漁業指標創辦人，
推動食魚教育、海洋教育、海洋環保標章，
促進臺灣永續漁業的發展。

生態廚師把魚料理的秀色可餐。

帶著一條好大的野生金目鱸，宜蘭縣蘇澳鎮岳明國小學生稱呼著的魚老闆、徐伯伯，跟小學生們說著該如何依據尾巴和身型來判斷魚的棲地和游速，也帶著小朋友學習剝殼和挑刺，讓這所國小的小學生們對於帶刺的魚毫不畏懼，吃得津津有味。

教岳明國小孩子們熟悉海洋物種構造及生態結構，是徐承堉的食魚教育計劃的一環，他更追本溯源去了解我們喜歡吃的魚，可能會因為某種漁法而消失，決定深入理清漁業管理脈絡。

這位被稱為魚老闆的徐承堉，是湧升海洋創辦人，為掌握漁業資訊，特去考取船員證，一年出海五、六十趟，常常跟著漁民登上不同的船，到各個港口，前往沿近海域了解漁民作業、觀察海洋環境的變化，被稱為「最了解漁業現況的水產業者」，也見證臺灣海洋生態環境的改變。

宜蘭岳明國小的食魚教育，低年級也會認魚、吃整尾魚。

「我們家跟漁業沒什麼淵源，不過我是淡水三芝人，自小生活裡就有很多海邊成長的經驗，是習慣往海邊跑的人。真的進到這個產業，是從海大就學開始，畢業後就一直從事相關工作，算起來也有四十年了。也許是冥冥中的安排，不是事先可知道，生活中的各種機緣都跟這產業有關係，最後就是認命。」

認命的徐承堉，和海洋脫離不了關係，他創立以推動臺灣永續漁業為成立宗旨的「湧升海洋」，提供臺灣在地海鮮，發展地產地銷的養殖、野生水產品，野生產品均有卸漁申報，養殖產品皆有產銷履歷認證，嚴格把關產品品質。他也成立溯源餐廳，全面採用產銷履歷及有機驗證的農產品入菜。

徐承堉更積極推動食魚教育，在淡水河的遊船上開設「水上學堂─淡水河遊河船上導覽課」，邀

湧升海洋舉辦水上學堂，帶大家搭船出遊，思考更深刻的海洋觀念。

請大家一起坐上淡水河渡船，欣賞孕育臺北的淡水河明媚風光，他信手拈來一段段淡水河的人文生態故事，說著生活中的魚諺語，深入淺出地道出淡水河過去的環境及經濟魚種，在波光粼粼的河面傳遞著關於臺灣的魚、關於海洋的專業知識。

落實海洋資源管理

從開始從事海鮮貿易，到致力於海洋永續，徐承堉認為有兩大關鍵影響了自己。他數算說著，也如同說了一段臺灣漁業近代史。

因為父親是貿易商，他從小就接觸許多海外貿易的環境，海大畢業後，從水產貿易開始創業，進口海鮮到臺灣。那時臺灣經濟正成長，大家有錢了，就會買比較多海鮮，外匯管制的開放，也提供了徐承堉許多機會。

「一般民眾看到魚會想這魚叫什麼名字？多少錢？好不好吃？我經過科班訓練，會去了解牠背後的生產方式、環境、生態，對這個巷弄海鮮的認識更多、觀察更多。」

他看到全世界的海鮮在一九八〇年開始，捕撈量不再成長，聯合國針對這個議題開始有些警惕，探討是不是抓太多魚？國外產業也提出環保議題。可是在臺灣，當時並沒有人關心這議題。

直到一九九九年，主婦聯盟要進口阿拉斯加鮭魚，徐承堉與主婦聯盟有了合作，才知道原來臺灣跟國外一樣開始有海洋資源管理概念的團體。

徐承堉解釋臺灣環海、資源好，早期不會覺得魚變少是個問題或需要管理，有錢就可以買，臺灣漁船去全世界遠洋拖網抓魚，經濟成長後，漁民們更是不想抓魚。

「臺灣當時還覺得我們魚很多，可以拚命抓、盡量抓。在學校時，都是學怎麼抓魚，不是學管理、資源。」

那時臺灣經濟比中國好，中國漁貨相對便宜，所以大量走私來臺，談不上任何管理。直到主婦聯盟出現，提出海洋資源管理的觀念，與徐承堉一拍即合，是促成他朝向永續海洋的第一個關鍵。

湧升海洋帶領大眾參觀魚市場，走讀從產地到餐桌。

確保永續消費及生產模式

在一九九〇年左右，臺灣大力推廣箱網養殖，以養殖肉質鮮美的海鱺佔多數，多賣給日本做為生魚片材料。不過，隨著中國漁貨輸入臺灣產生的競爭，日本也走進二十年泡沫經濟，需求減緩，臺灣箱網養殖的漁產品就進而崩盤。

當時，徐承堉的大學同班同學是澎湖人，跟他說：「同學，你都在進口鮭魚、蟹賣到臺灣，可不可以幫我們賣一賣澎湖的箱網養殖魚啊？」

對這產業已有心得的徐承堉，跑去澎湖看看後，就決定將澎湖的箱網養殖漁獲進到臺灣。不過，賣魚跟產業是兩回事。徐承堉解釋說：

「在國外買賣魚是就規格、價格來談判，只看這東西有沒有競爭力，當冰島鱈魚變少了，就去買阿拉斯加的魚，阿拉斯加魚變貴了，我去買挪

右　淡水河是生態豐饒的河流，為候鳥冬季過境、沼澤類生物的棲地。
左　水上學堂有淡水河鯊魚課程演講、宜蘭東澳出海見習定置網漁船作業等課程。

威的，牠是商品，純粹從價格、利潤考量，是完全沒有忠誠度的，非一定要賣這東西。」

可是產業發展是有忠誠度的，不能因為澎湖、臺灣不好了，就不要做了，起因於它背後有環境、社區，這社區是依賴環境生產來生活的，當它有問題，還是要解決，不能任意不做、不要。這跟純做水產、海鮮不同，是有社會性的。

當徐承堉真正接觸到澎湖箱網養殖產業時，就發現有相當難度。單就買賣來講只看魚就好，不用看漁村與漁業。徐承堉嚴肅地說：「談海鮮就是買賣，好不好吃？能不能賺錢？好不好賣？談漁村時就會有人、家庭在裡面，當這個產品沒辦法做時，小孩可能沒錢念書、家庭可能付不出貸款，這就有需要關注的漁村存續議題。至於漁業是更大層面，會牽涉到其他產業，需考量糧食安全、環境照顧。」

徐承堉教導學生們練習挑魚刺，從食魚建立人類與海洋的聯結。

進入箱網養殖產業的徐承堉，面臨海鱺賣不掉的困境，深深的感觸外，他知道這些不是課本上的東西，也不是別人家的事，是自己的朋友、是認識的人，這成了影響他推動臺灣永續漁業與環保標章的第二個關鍵。

看到這些隨著漁業經濟發展，海洋環境所衍生出的種種問題，徐承堉集他個人漁產貿易、捕撈、養殖、加工、批發零售、NGO推廣等工作累積的知識與經驗，清楚明白漁業永續不只是生態環境的議題，能兼顧產銷、文化等面向，建立良善的循環，永續才可能實現。關懷、落實海洋資源管理，就是要讓牠們能夠休養生息，創造生產端、消費端、環境端三方皆贏。

他藉由湧升海洋的成立來創造、傳播與應用海洋相關知識，以利永續發展海洋產業。他知道要解決環境與產業問題，教育是根本，當消費者對產品有認識的時候，他們會去做聰明的選擇、正確的選擇，他會

萬物時令

冬至烏，卡肥豬腳箍

邁入冬季，烏魚為準備過冬，體內蓄積許多能量。所以諺語說冬至時期的烏魚，肥美程度更甚於豬腳。

湧升海洋養殖產品皆有產銷履歷認證，以嚴格標準把關品質。

要求政府政策去提供他們要的東西，可是當消費者不知道的時候，他只會做便宜的選擇。

因此，他不間斷的做著意識教育與喚醒，教育大眾保有選擇的能力，教育生產者有生產者的責任、消費者也有消費者的責任，消費者本就該負擔該付的成本，消費者也要去認識魚從哪裡來？怎麼來？魚生長的環境是如何？而不是單用價格、口感去做選擇，消費者所花出去的每一分錢，就是在鼓勵一種方式。

徐承堉走入校園、走進大眾，舉辦海洋體驗活動、邀請各方專家開設友善魚直播來投入食魚教育，皆是為了未來的永續而努力，達到臺灣漁業永續的目的。▣

走讀地方

淡水河水上物語

淡水河下游、出海口兩側，為八里、淡水、社子島聚落，觀音山、面天山高高俯瞰著河面，紅樹林、水鳥、招潮蟹、彈塗魚等在自然保留區裡棲息，是一集生態、人文、歷史的城市之河。

過去，淡水河上只有八里、淡水間的交通渡輪。近年，藍色公路興起，淡水河也興起一股遊輪風，有走豪華風的星光夜遊淡水

河，享受美食饗宴；有訴求歷史人文的史蹟漫遊，大稻埕、淡水老街、馬偕之路風華陳述著點點滴滴；也有著以海洋生態為主的遊船導覽，將濕地故事、海洋生物精彩講說。

無論何種形式，在搭船欣賞淡水河風光之餘，親近它、認識它，更重要的是愛護它，落實無痕旅遊，河川溪流海洋資源才可生生不息。

黃紋綺

水產品包裹了一層層海洋永續概念

喜歡大海、著迷海裡的魚，
以有樂趣的食魚教育經驗，
對環境友善、為海洋資源的永續
盡一份心。

黃紋綺

洄遊吧有限公司創辦人、執行長，
具海洋環境及工程專業學識與研究，
學以致用的發揮於
環境教育、食魚教育。

洄遊吧Fish Bar，以永續海洋做為核心，推廣食魚教育。

呈優美弧形海灣的七星潭風景區，是花蓮著名景點，自然人文景觀豐富、海水湛藍潔淨，白天可遠眺清水斷崖，夜間可賞覽新城和崇德地區的點點燈火，吸引多少人為著踏浪看海、賞星望月而來。

你卻可能不知道，在七星潭這片蔚藍海面有以繩索結成的定置漁網，遠方那點點浮球下就是一組定置漁網網具的所在。這種從日據時代即已存在的古老漁法，全盛時期曾擁有六十二座定置漁場，它等待洄游的魚群進入網具，以被動的方式捕撈，是對環境友善的捕魚方式。

是這片海洋的呼喚、洄游魚群的魅力吧，從小在臺北長大的都會女孩黃紋綺，碩士班畢業後，放棄到海外攻讀博士班的機會，來到七星潭外公家的定置漁場，成立「洄遊吧 Fish Bar」，推廣食魚教育，將永續海洋做為核心，提供「洄遊鮮撈」、

「洄遊平臺」和「洄遊潮體驗」三個面向的服務。

帶著年輕的想法與衝勁，黃紋綺想藉由這三個新式食用野生漁獲的服務，聯結消費者、漁業人員和學術單位，讓海洋資源的利用及海洋環境相互平衡並永續發展。

做對環境友善的事，是可以自給自足

洄遊吧創辦人黃紋綺，掩不住的書卷味與文青氣息，談吐有禮也有理，出現在七星潭，多會讓人誤以為是到此遊玩尋夢浪漫的女孩。沒錯，她是認真在此圓一個環境浪漫的夢想。她大學、研究所就讀中山大學海洋環境及工程學系，鑽研於海洋環境的學術研究領域，同時也在教授指導下協助當時的港務局申請歐洲生態港認證，得以把所學應用在港埠、商業港口的管理。後來從學術領域毅然奔向七星潭，黃紋綺說自己的血液裡一直有海的因子吧。

「雖然我出生成長都在臺北，小時候寒暑假時則會迫不及待地住七星潭外公家的漁場跑，對於海洋我一直有種不一樣的感覺，大學時就想要選讀海洋環境規劃相關，但經過學術與理論的培養過程後，我發現自己不是那麼喜歡單純做學術研究，比較喜歡思考如何將理念概念的東西化為實際操作？想著如何用商業型態去做、去推動，於日常生活中接近海洋、參與海洋，認識臺灣。」

大海的浩瀚深厚，聯結著定置漁場的第三代黃紋綺，她花了一年的時間到各個在地漁場、漁販間穿梭蹲點，和漁夫漁販聊天、看他們賣魚，觀察且深入了解漁獲作業的脈絡。她撇開羞澀，問著一隻又一隻的魚名、魚種和漁法，學著如何殺魚、煮魚、保存魚，重新學習漁業知識且詳做筆記，思考著未來開發的活動體驗，要如何設計執行才能讓漁人和遊人雙贏。就是想把過去所學與堅持的轉為實務，推翻過去許多人對「做環境友善的事無法賺錢」的質疑。

不服氣、創意與堅韌的黃紋綺決定自己做做看，創立「洄遊吧 Fish Bar」，想要喚起大家對海洋環境的重視，藉由知識性內容、體驗型遊程及鮮撈漁獲，讓更多人認識漁業和海洋，理解怎麼吃魚才能對環境更永續，她也要證明「做對環境友善的事情，是可以自給自足的」，把食魚教育在理念和市場間找到平衡，成

定置漁網配合魚類生態習性設置，屬於被動捕撈。

為穩定的商業模式。

她堅定地說：「洄遊吧不是賣魚、賣海鮮的，它販售的水產品包裹了一層又一層海洋永續的概念。」

幾年下來，黃紋綺向當初怕她辛苦、反對她以高學歷投身漁業的家人證明，讀書和漁業不衝突、是有助益的，願意付費認識漁場怎麼抓魚的人絕對不少。也讓一開始懷疑她來此做什麼的當地漁工、漁場老闆們，成為她的合作夥伴，一起為大小朋友講解魚知識，共好共榮。

認識你吃的魚是什麼魚？

黃紋綺將洄遊吧的三個核心：洄遊鮮撈、洄遊平臺和洄遊潮體驗，分別透過只販售來自臺灣東部花蓮海域的精選野生漁獲，且是選擇相對友善環境的定置漁網或一支釣漁法所捕獲的當季野生洄游魚種，不販售「臺灣海鮮指南」紅燈之水產品，為人們和海洋環境的健康同時把關。也把食魚、漁業及海洋相關知識透過

上 洄遊吧以花蓮七星潭為基地，想喚起大家重視海洋環境，認識漁業和海洋。

下 黃紋綺相信做對環境友善的事情，也能自給自足。

Fish Bar
洄遊吧

Fish Bar
洄遊吧

洄遊吧精選花蓮海域的野生漁獲，並選擇相對友善環境的定置漁網或一支釣漁法所捕獲的當季野生洄游魚種。

資訊視覺化的方式轉譯，做為相關單位交流的平臺，藉此促進更多人對海洋環境與資源更深入認識，深化聯結海洋與生活，進而了解永續海洋的重要。

更重要的是洄遊吧不說教條規範，系列體驗活動都靈活地以互動道具、角色扮演、現場烹煮品嘗鮮撈冷凍魚等，搭配食魚教育，帶領大家透過五感實際洄遊海洋，了解大海到餐桌的完整過程，真切找回人與海洋相關的所有內涵。

「臺灣的環境教育，應該是先要好玩、有趣，因為當人們有興趣了，才有機會去認識、去做，最後才會產生想要保護的心。如果什麼都不知道，是不會有感覺主動去做、不會發自內心愛護著這片海洋的。」因此，黃紋綺設計體驗活動，都會回到最基礎，要很好玩、有趣，必定好吃，讓消費者自然產生興趣。就見黃紋綺輕鬆地示範著零失敗紙包魚料理，三兩下將生鮮的鬼頭刀魚片轉為美食饗宴，

萬物時令

臺灣位處熱帶及亞熱帶地區，黑潮終年經過臺灣，冬天也有曼波魚、白帶魚、魟魠可吃。

東西南北各地一年四季都有不同的魚種，是世界聞名的漁場。花蓮地區以洄游性魚類及底棲魚類居多，春天有飛魚、竹筴魚；夏天是鰹魚；秋天第二次再來的是曙魚（鬼頭刀）、旗魚。

且是襯映著太平洋的蔚藍，將魚香入口。

洄遊吧位於七星潭遊客中心二樓，不斷推出有趣的活動吸引人進來。進來後不只有好吃的永續海鮮真空冷凍魚販售，讓來客了解自己吃的是什麼魚？什麼季節有什麼魚？魚是怎麼來的？怎樣的捕撈方式比較友善？海鮮為何也要有產品履歷溯源？是黃紋綺包覆在活動與產品中的內涵。她想讓每一體驗活動的背後都有一個教育理念在裡面，希望讓更多人理解要怎麼吃魚、懂得篩選魚種與捕撈漁法，這也是洄遊吧對永續海洋傾力的關鍵與目標。

黃紋綺與夥伴會針對每一年齡層、每一族群設計不同體驗型態與講解語言，然後帶領大家去接近漁村文化、海岸環境，認識漁人們的辛勞，嘗試從魚身上的傷口觀察漁法，將人們對海洋環境的認知，對產業或魚類的興趣提升，重新用不一樣的角度認識海洋環境、認識悠久的漁業文化，讓每一位來到花蓮七星潭的旅人，都有一趟有別以往的旅行。■

上、下　洄遊吧規劃系列體驗活動，也透過各種方式轉譯食魚、漁業及海洋相關知識。

tshenn-hui
ian-á
tshenn-kī
fû-tuā
pue-oo
phuà-hôo-suànn
pue-oo-hôo
hi-kueh

迴遊吧
農遊券
全館均可使用

走讀地方

洄游七星潭

花蓮縣新城鄉七星潭海灣，是花蓮旅遊的熱門景點。除了看看海、走走沙灘外，可來一場比較深度的漁業文化之旅，從不一樣的角度認識七星潭。

目前七星潭共有三家定

置漁場，分別是嘉豐定置漁場、東昌定置漁場及朝金定置漁場，這種捕魚方式擁有百年歷史，你可好好觀察這種在地特色的漁法。也找找停在七星潭海岸上，能運送上千公斤漁獲的膠筏。清晨五點半或下午三點半左右，則可守在岸邊目睹漁獲接載，一睹大魚上岸。

另外，你可參加洄遊吧與當地相關業者推出的系列體驗行程外，也可來到海灣最南邊的四八高地，在白色五角形奇萊鼻燈塔旁，感受大山大海，再走到海濱南段尋找當地稱它為大石公的「青石公」、或在海灘上仔細尋找來自山林或漂洋過海而來的種子。延著海灣的保安林綠色廊道走，則可一探許多海岸生物的棲息地。

犀牛的角
看看犀牛的角有幾根？長在哪裡？
請幫犀牛描繪出頭上的角？

動物咖

陳建志

青斑蝶為什麼千里跋涉遷移？

從長期蝴蝶監測，
掌握當地生態環境變化，
以一個生態系為中心來思考環境，
就是生態環境教育。
有在地人的關心，
才是臺灣生態的希望。

陳建志

臺北市立大學地球環境暨生物資源學系
（含環境教育與資源碩士班）兼任副教授，
社團法人臺灣環境資訊協會理事長，
專長研究昆蟲學、生態保育等，
為臺灣國家公園建立蝴蝶及生態觀察資料，
是蝴蝶保育先鋒。

陳建志教授帶領學生到澎湖追蝶、探索青斑蝶的生態。

賞花追蝶，看似騷人墨客的風雅事。

「綠池芳草滿晴波，春色都從雨里過。知是人家花落盡，菜畦今日蝶來多。」高啟《春暮西園》描述了晚春美好的田園生活。

秋、冬季，澎湖西堡壘的一場追蝶盛會，則是生態環境變遷的紀錄。

這年十一月，跟著臺北市立大學地球環境暨生物資源學系兼任副教授陳建志前往澎湖，不為花火節，不因海鮮、仙人掌冰等一般旅遊盛事，而是為著探索記錄那飛越上千公里的青斑蝶，逗陣加入愛蝶人士年度最熱活動。

陳建志解釋說：「一九九七年起，臺日開始合作青斑蝶的標放，從標放再捕獲紀錄來看，由日本標識南下在臺灣境內被再捕獲的，以在澎湖數量最多，這因為澎湖面積小，較能掌握蝴蝶棲息活動空間。每年秋冬就有許多學者和愛蝶人士來到澎湖探索青斑蝶的生態密碼，認識亞洲東岸島弧青斑蝶移動的特殊生態。」

這幾年冬天，陳建志積極帶隊到澎湖實際參與青斑蝶的標放，探索青斑蝶從日本何處標放而來，也同時標記後就地野放，來發現以澎湖當中繼站的日本青斑蝶最後擴散到哪裡。

青斑蝶的越洋遷移與標放

一群人乘車來到澎湖西堡壘，陳建志教授裝束宛如上山採藥的高人，但今日不採藥要捕蝶，行動前叮嚀學生：「西堡壘有土堤、營房和茂密的榕樹林，青斑蝶經常會在此隱蔽棲息，看到蝴蝶要快狠準，希望大家今天都有收穫。」一陣哄笑後學員們分拿捕蝶網即往砲臺內四通八達的甬道走去。看似閒步遊逛中，陳建志雙眼猶如雷達般掃瞄著花草叢或樹梢翩翩而過的各種蝴蝶、蜻蜓，邊走也邊解釋：

「青斑蝶主要分布於臺灣、日本、韓國及中國沿海，每年春夏會隨西南氣流朝北、秋冬則利用東北季風往南移動。從近年十一月左右，由日本標識南下的青斑蝶在澎湖被再捕獲的數量最多，支持了東北季風是青斑蝶移動重要角色的推論。而標放數量越多，再捕獲的機率也越高，越能正確說明大自然現象。」

巧的是，幾天後日本富山縣標放的一隻青斑蝶，可能乘著上升氣流移動，在經過四十六天後在澎湖被發現，這不僅成為富山縣內青斑蝶跨國移動首例，也創下從富山縣飛行的最長距離約二二七七公里，如此遠距真的很罕見。

幾位年輕學員從前方折返、欣喜地朝陳建志走來，陳教授立刻心領神會地說：「抓到了！」

順著路旁石椅坐下，陳建志仔細地指導學生如何標放青斑蝶。從抓拿青斑蝶的位置、手勢，測量翅膀長度、到如何用油性簽字筆將標記資料寫在蝶翅上，都溫柔告訴及示範，完全不傷害青斑蝶。

「這隻很新鮮喔！我們用油性簽字筆將標記資料寫在後翅腹面中室，通常會寫上標放地點、標放日期、標放者代號及流水號碼。例如今天標上SIYU1107- AM303，SIYU1107代表十一月七日在澎湖西嶼標放，AM是隘門國小Aimen的代碼，

上 陳建志教授與青斑蝶過招，眼明手快、網子揮動間青斑蝶落網。

下 標放青斑蝶，需測量翅膀長度，用油性簽字筆將標記資料寫在蝶翅。

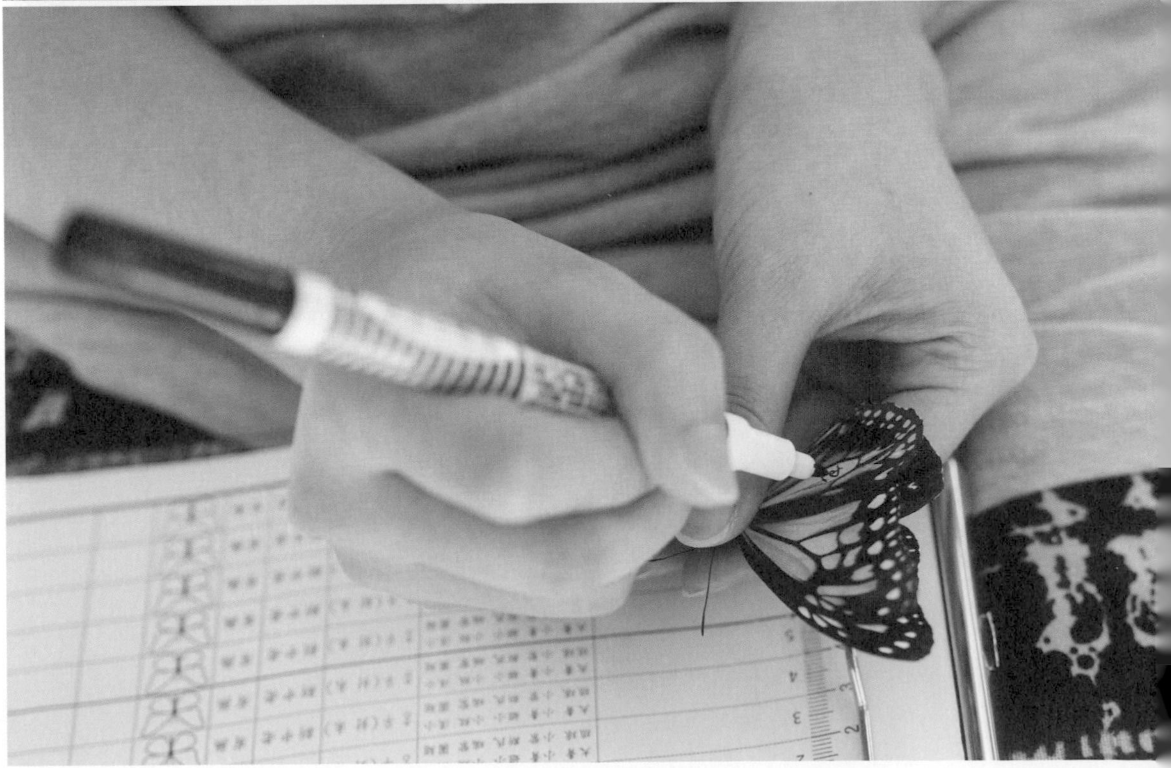

303則是流水號。然後再於紙本記錄下每一隻標放青斑蝶的記號、編號、日期、地點、性別、磨損程度、前翅長、生態或其他事項，這些資訊就能讓青斑蝶於再補獲時顯示何人、何時、何地標放蝴蝶。」

做好記號與記錄，即刻就地野放青斑蝶。陳建志強調進行青斑蝶的標幟再捕法研究要經過專業訓練，不要自行進行，否則被標幟的青斑蝶無法顯示移動訊息。每一隻標放蝴蝶的紀錄資料也會彙整於臺北市立大學內的臺灣地區青斑蝶標放聯絡中心，或交流於臉書社群「青斑蝶刺青會社」，以利跨國間的標放再捕獲等資訊互通與研究。

標放完這隻青斑蝶，續往西堡壘深處走去，經過一圓環狀穹頂砲臺處，陳建志特別指出這裡發現第一隻由日本鹿兒島被標示野放後飛過來的青斑蝶。望著這被植物環繞、透著一方光線的穹頂空間，頗為迷離，宛如見青斑蝶身影輕輕舞動，隱隱地訴說著牠來自何方、又將去向何處。

靜謐中，突見陳建志往另一側迅疾地跑起來，似武俠片中

上、下　澎湖西堡壘近年發現眾多數量的青斑蝶在此隱蔽棲息，是標放者捕蝶熱點。

身影飄動對招，網子揮動間又一隻青斑蝶落於網中，他輕柔地取出蝶兒，讓另一學生學習如何標放，再次緩緩述說著青斑蝶的標放法與多年蝴蝶監測心得。

食農教育需聯結社區產業

長期蝴蝶監測，除了了解蝴蝶習性，也因牠與環境的互動關係，可進一步掌握當地生態環境變化。「這不就是生態環境教育嗎？我們常以人為中心來思考環境，實際上環境教育不該以人為中心，應演化到以一個生態系為中心。」陳建志點出許多人的迷思，指出環境教育要有整體環境的概念。

而環境教育中的食農教育近年倍受世人重視，經年研究城鄉生態、協助在地社區朝環境多

萬物時令

芒種，蝶仔討無食

進入芒種時節，天氣炎熱，百花花期都已過，所以蝴蝶此時已無花粉可採，沒花蜜可吃了。

來自日本的青斑蝶，研判可能是乘著上升氣流移動往南飛到澎湖。

元化發展的陳建志忍不住指出：「在校園中墾殖農地、封閉式的校園農事體驗不可取，為了開闢田地，砍除校內原有樹林，更是本末倒置。」在二〇二二年四月立法院三讀通過《食農教育法》後，更要有推動食農教育，不是在培養小農夫的認知，要跳脫種菜活動的模式，不在農業生產以外的地方做農業生產，把食農教育落實於實際生活體驗。

從食農教育到社區改造，陳建志說來心切意重。一是食農教育應適時、適地，與社區總體營造有關，並與社區小農結合，跟農家生產、當地生態不脫節。社區改造則要聯結人文、歷史生態，才能裨益與聯結社區產業，帶來經濟生機，真正解決農村問題。更重要的是社區自己覺醒環境保育、自己做營運管理，才有辦法永續傳承。

「只有在地人的關心，才是臺灣生態的希望。」陳建志肯定的點出。就如有更多社區若能積極投入蝴蝶保育，讓蝴蝶成為社區的生態特色及推動生態旅遊的資產，臺灣的蝶類就能永續繁榮發展。

長年來，陳建志教授在課餘時分或在龍山寺做個晚課，祈求風調雨順國泰民安、青斑蝶都能順風。或漫步於老街廊來個「食安檢查」，他笑說這是在做生物多樣性記錄，是臺灣在地珍貴生活資料，也是臺灣飲食文化、社區產業、地方創生、食材種類的探索與匯整。

林林總總，陳建志著力於把自然界的一些弄清楚，讓大眾去了解真正的生態，從周遭生態開始了解起，把真實的現象呈現，因而在日常生活上知道該怎麼做才能保護環境，讓地球永續不再只是口號，是他生活最大的樂趣。▣

西堡壘圓環狀穹頂砲臺，發現第一隻由日本鹿兒島被標放野放後飛來的青斑蝶。

走讀地方

在朝昔盧客棧 發現人文生態特色

陳建志教授的食農教育非刻板的框架於課程、教室中，每日的餐食都可以是食農教育。因常到澎湖參與青斑蝶標放研習，擅長挖掘地方特色的陳建志，極推薦位於馬公市安宅里的「朝昔盧客棧」，是他來菊島時的不二選擇。認為來這裡享用澎湖特色美食，即是澎湖最具人文生態特色的食農教育體驗課程，每一道菜與食材不只滿足味蕾，都是上課好題材，能扎實反應潮間帶生態、常民調適生活及黑水溝人文

生態環境。

一道澎湖最代表性的傳統美食「石鮔滷肉」，是用在地石鮔（紅章魚乾）滷五花肉，石鮔盛產於澎湖淺坪的珊瑚礁地帶及淺坪外的深水區，可於沿海捕撈，澎湖魚市場也多可看到石鮔。經曝晒的石鮔乾結合了海洋和陽光的特殊香氣，從產地到餐桌，一氣呵成，色香味兼具、非常有澎湖特色。

另一道「大駝石蘢花生湯」則呈現黑水溝潮間帶生態與島嶼人文調適，因大駝石鼊在澎湖多處潮間帶可觀察到，花生則是澎湖淺土層面對強勢東北季風侵襲下所衍生的作物型態。

入腹的每一道菜都可認識食物的原始樣貌，且思考人與食物、環境的關係，這就是最完美的食農教育。

一隻蠟蟬會怎麼彈出去？

王嘉靖

環境教育需從小培養，
於大自然中體驗、觀察、學習。
了解昆蟲、認識動物，
就不會害怕牠、傷害牠。

王嘉靖

兒童界自然課程裏極受歡迎的
環境生態教育講師，
是小朋友和家長口中的「大兜老師」，
喜愛、熟悉自然生態
與各類昆蟲、兩棲爬蟲，
帶領孩子學習如何友善環境。

赫克力士長戟大兜蟲（Dynastes hercules）是世界上最長的兜蟲，也是全世界最大的甲蟲，成蟲體長可達五至十八公分，是現今相當熱門的昆蟲類寵物，喜歡昆蟲的人們看到這巨型兜蟲，莫不驚聲連連。

綽號「大兜老師」的王嘉靖，做為親子戶外體驗活動界的熱門講師，他的親子自然體驗課程，無論在臺北植物園、臺北市立動物園、關渡自然公園，或是寶藏巖、公館水園區、圓山水神社、淡水紅樹林，甚或是木柵焚化廠，都能將生態議題規劃於課程中，帶領孩子們用最直接、友善的方式去感受大自然，透過體驗、觀察、討論，來啟發孩子們學習思考友善環境的方式。

動物園裡，大兜老師帶著孩子近距離觀察動物的特徵與行為，並透過園內的生態展示，來認識動物棲息環境的特色，讓小朋友們發現生命的奇妙與多樣。

親子步道活動中，艷陽、蟬鳴、午後陣雨、或低垂或張揚的植物，大兜老師與小朋友一起接觸、認識自然素材，沉浸於環境中來了解環境。

上　大兜老師透過自然體驗、觀察，帶領孩子用直接的方式感受大自然。

下　利用「草山水道系統」圓山貯水池等，解說水資源的珍貴。

簡單、有趣的「接水管」遊戲，用一個個再利用的寶特瓶，讓小朋友連接起來後倒水進去、傳送，意喻從水庫、水場傳送水至家戶的過程與困難，從小遊戲中知曉需珍惜得來不易的水資源。大兜老師將環境教育的理念與思維，就這麼化繁為簡地設計於孩子實際的踏查與觀察，於體驗中學習。

以家庭為單位共同關懷環境

喜愛自然生態，對各類昆蟲、兩棲爬蟲等皆有豐富飼養與解說導覽經驗的王嘉靖，大學研讀環境工程，碩士則攻讀臺北市立教育大學環境教育與資源研究所。跟著陳建志教授調查收集昆蟲生態，有著大量的學術知識支撐，成為日後教學或引導學生的重要經驗。

加上王嘉靖兒時成長於屏東潮州跟東港間，每天下課回家的路旁就充滿無窮生態樣貌待探索。如今的他也有個正充滿無窮好奇心的孩子，跟著大兜老師一步步發現這個世界。

「小時候我對昆蟲動物不太感興趣，但這些一直都在我生命

藉由簡單的接水管遊戲，讓孩子們了解水資源輸送過程的不易。

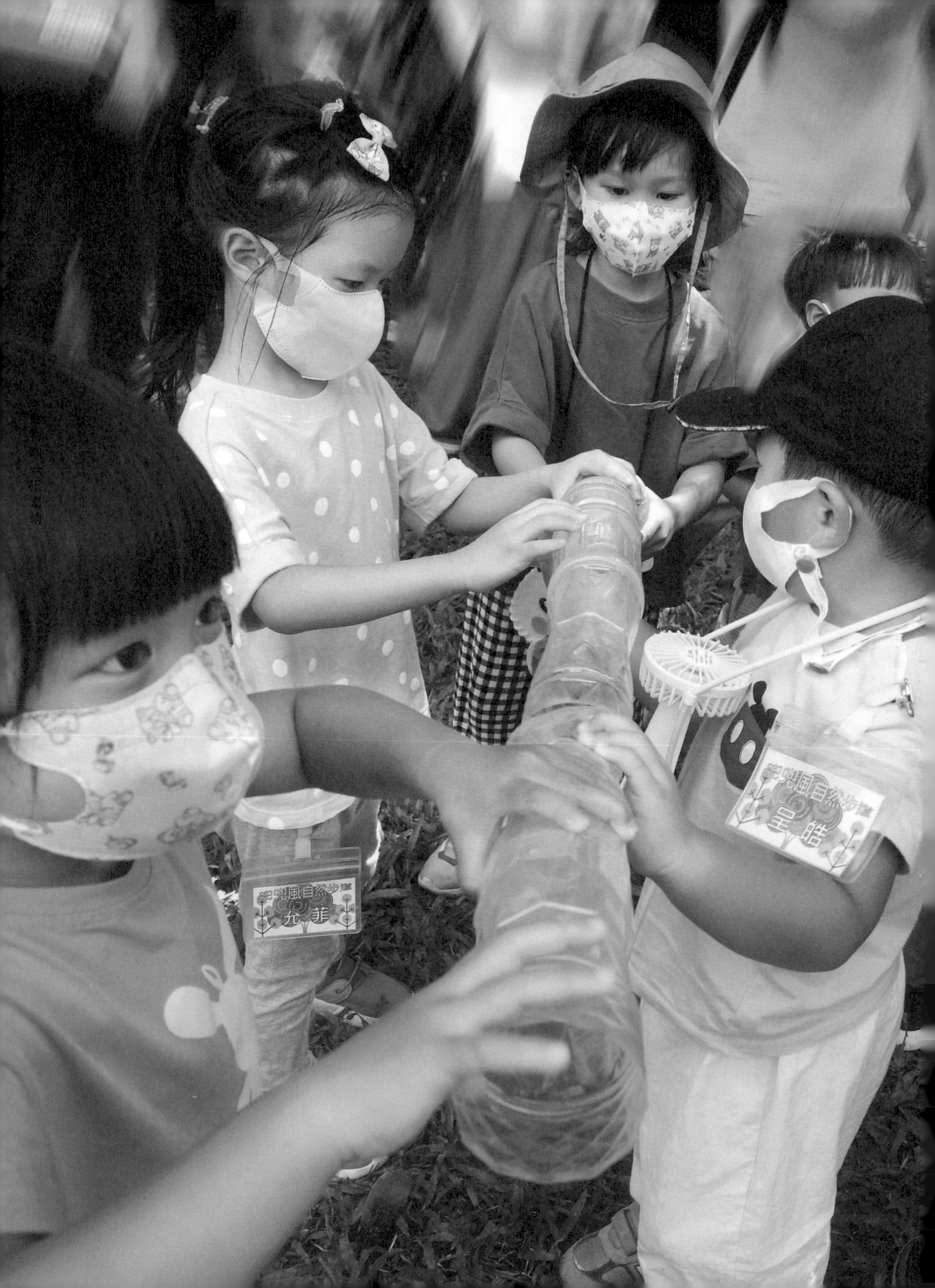
允 菲
星 晧

中。有趣的是：來到臺北，我跟小朋友們說起童年經驗，跟我同輩的爸爸媽媽們是比較無感的，反倒是阿公阿嬤們有著同樣經驗，較能觸動共鳴。」

這樣的互動讓大兜老師發現不少都會三十歲代左右的父母，較少與大自然接觸，於是他上課時會要求父母陪同，一是小朋友通常只會記得關鍵字，家長可以幫忙拼湊深入一點的內容；二則也讓本身不是那麼熱愛自然的家長，可以藉由陪伴孩子時觀察環境差異，試著從中找到樂趣，或許可於課後延續關懷環境的理念。

一隻動物有危險並不可怕

王嘉靖帶領孩子們感受大自然，當然得待在自然環境中，隨時隨地體驗變化。夏天，遇上酷熱或下大雨是常態，通常他不會因此取消課程，正好可因著氣候的變化，培養觀察環境的能力。

「孩子平常在家，環境是比較安穩的，到了戶外反倒不習慣、感覺不舒服，這時就會失去觀察環境的耐性與能力。上戶外課

王嘉靖對各類動物、昆蟲、兩棲爬蟲皆有豐富飼養與解說經驗。

黑猩猩
Chimpanzees
我不是猴子啦!
Chimps Are Not Monkeys!
頭腦對身體的比例較大
Higher brain-to-body ratio.
Chimps have longer forelimbs. When it is standing, its body is close to upright.
黑猩猩手毛則是垂直於手的方向生長的
The wrist hairs of chimpanzee grow perpendicular to arms.
The tail of chimpanzee had degenerated.
When chimpanzee is walking, its palms do not touch the ground and the curled knuckles of its hands touch the ground.
猴子
Monkey
頭腦與身體之間的比例較小
Lower brain-to-body ratio.
猴子行走時身體與地面平行
While monkey is walking, its body is in parallel with the ground.
大部分的猴子都有尾巴
Most monkeys have tails.
The wrist hairs of monkey grow toward the distal ends of hands.
Monkeys have longer hind limbs. When it is standing, its body is inclined forward.

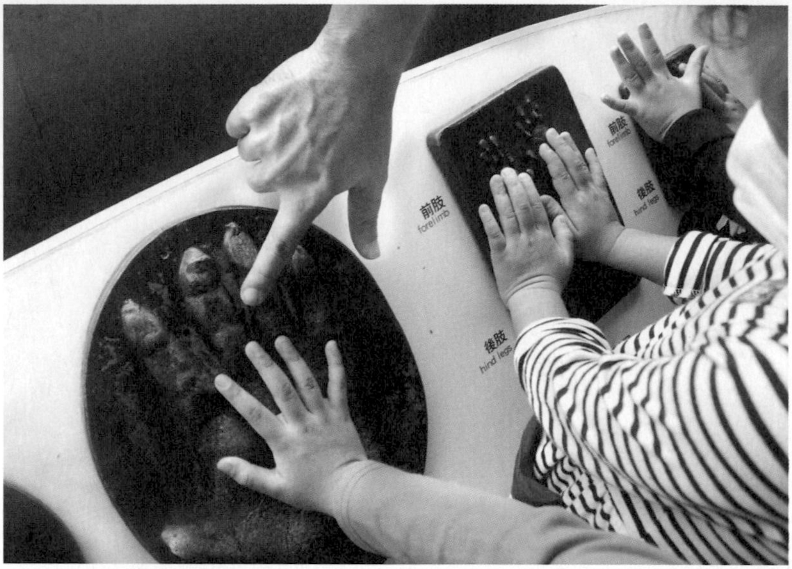

大兜老師實際引領小朋友觸摸昆蟲或動物，理解動物並不可怕。

時，我很少因為天氣狀態改變上課時程，只要不是颱風超過標準，下雨了，就教小朋友先在一旁躲雨，用手機讓他們看看氣象局雲圖的前後變化，告訴他們現在這邊下大雨，雲圖是跑到現在這個位置，讓孩子知道這時候天氣的變化到底發生了什麼事？」

融入環境的接觸自然，一直是大兜老師嘗試要帶給小朋友的。他會先視現場狀況，讓孩子們在有安全感且趣味盎然的前提下，帶領小朋友手腳並用的爬爬小土坡，即使有些孩子因個性摸了泥土會很不自在，覺得髒髒的，但實際觸摸到泥土，知道這樣的泥土和馬路上的灰塵土是不一樣的，泥土不絕對等於髒，吃東西前把手清潔乾淨就好了，試圖引導孩子們在過程裡領受不同的體驗。

大兜老師也會引領小朋友觸摸昆蟲或動物，讓他們理解會害怕某種動物是因為對這動物不了解，

萬物時令

驚蟄鳥仔曝翅

二十四節氣的命名大多與季節、氣候相關，或描述農作物狀態，只有「驚蟄」是以動物昆蟲習性來命名。驚蟄後氣溫升高，春雷驚動土中蟄伏的昆蟲，鳥兒會飛出老巢，停在樹上晒太陽。

而所有的東西都有生命，包含不會動的石頭、樹木，如果萬物皆有生命，代表跟我們一樣，不需害怕。

「我們今天看到一隻蠟蟬，跳來跳去，我們沒辦法預期牠的下一步動作，或者不知道牠跳到這邊要幹嘛，就會怕牠，這害怕是來自於未知。這時，我若趕快講解：這一隻蠟蟬將會如何彈出去？彈出去的原因是因為牠要逃跑，牠逃跑撞到你其實只是被牠撞到而已。當小朋友可以理解狀況後，遇到一樣的事，心裡已有

龍眼雞外型豔麗受到很多人喜愛，但對於農作物及環境卻是一危機。

準備，就會減少莫名的恐懼。更重要的是我常跟小朋友講，一隻動物有危險並不可怕，可怕的是牠有危險，你不知道。」

實際接觸大自然勝於閱讀書本

從事環境教育、生態導覽十餘年，大兜老師觀察這些年來喜歡環境、實際接觸環境生態的人越來越多，從三到九十歲都多有踴躍參加自然體驗活動的，卻較少深入了解與保護環境生態。他常遇到小孩說：我很喜歡昆蟲，然後從包包拿出一本書，說這是什麼什麼蟲？卻完全沒實際看過，也不知這些昆蟲出現了該怎麼辦？這昆蟲的食物跟環境被破壞有什麼關係？也就是說，他喜歡的是那一個物種，卻沒有把那個物種需要的環境做聯結，所以會把昆蟲養在家裏，無視外在大環境四處開馬路、蓋房子。

「我希望孩子們從很小時就去接觸大自然，成為生活中的事，對昆蟲或生態有了解與感情後，會發現人類所改變的部分，原本是牠們生活的地方。有了這樣的聯結，日後自然會對一些不當開發有所體悟，會注意生態的問題有沒有解決？也會去爭取保護環境，不傷害動物。」

要深入面對環境教育，不流於保育口號，不要只看電腦都不看實際環境。可從身邊環境開始，帶孩子做深入觀察，了解所有物種都是有生命的，包括一顆石頭，都不能被破壞。

「建議家長除了在附近公園，還可以帶小朋友走走不同的地方。或我帶他們去過一兩次的山林，熟識山徑了，就常常去。持續的時間越長、於不同的時間點去，看到不同季節變化，更多的觀察或紀錄就會留下，長時間累積，小朋友的素養會比較深。」

認識環境、保護環境是長期的，一點都不累也不難，大兜老師相信：「保護環境就是保護自己。」■

圓山水神社

走讀地方

圓山水神社探尋水與環境

從臺北捷運劍潭站出站，走至對面小坡上的自來水公司事業處陽明分處旁，循著一水泥階梯往上走，兩旁看似雜草、林木叢生，細看則可發現生態頗豐，蚯蚓、馬陸、蝸牛正在雨後的土壤中熱鬧活動。

彎走過短短的山坡，現已被填平的「圓山貯水池」就在眼前，再沿著步道往旁走去，是仍保留有最初建造時的石燈籠、社名碑、手水缽及石狛犬等物的圓山水神社。

離劍潭捷運站不到十分鐘的步行時間，與士林商圈相隔一條路，就能有這麼一座日治時期遺留下來的日式神社，它靜靜地隱身在鬧區中，更特別的是它源自一九二八年興建的「草山水道系統」。目前被公告勘定為市定古蹟的草山水道系統，為日治時期臺北第二套飲用水源工程，全長超過十公里，圓山貯水池為臺北最早的貯水池；為感念當年建造水道與貯水池時殉職的人員，設立了圓山水神社，以祭拜求平安，也撫慰亡靈。

藉由儲水池與神社，可了解人文歷史，同時認識草山水道系統，體會水道系統建立的艱辛、水資源的重要，啟發愛水、惜水之心。沿途四處可見豐富生態，蝗蟲跳躍於草坪上、圓圓扁扁最外圈有毛的臺灣原生種鍋牛、壁虎蛋隱身電箱，甚至有臺灣少見的龍眼雞（蠟蟬），是一天然又生動的生態教室。

來地喵喵

每一隻貓都是獨特的

人多從自己的觀點去看很多事、
去對待其他生命，
未曾真正思考動物的需求是什麼？
以動物的視角，尊重其生命、
保護其健康、誠心照護牠。

來地喵喵團隊

陳千雯，來地喵喵貓診所院長，
曾任於臺北中山動物醫院主治醫生、
一〇一臺北貓醫院院長，
《貓咪家庭醫學大百科》作者。
來地爸爸 Kevin、執行長劉育昇 Calvin。

在新竹竹北高鐵站附近，走過一排新穎大樓，低調的水藍底招牌「來地喵喵」讓人分不清這裡是咖啡廳？或是貓咪旅館？動物相關商店？

推開玻璃門，大小不一、造型不同的手工布偶貓與貓飾品分散陳列，一個巨大書本型貓抓板放於窗前檯面，看到這幾乎可以肯定這裡跟貓咪兒脫不了關係，不是愛貓者所打造，就是貓咪的空間。再細看展示櫃，有著各種英倫皇室茶罐和收藏品；擡頭看天花板和牆上是大片竹編和竹編壁燈，竹子的溫潤透過編纏展現律動的生命力，一片明朗又溫馨的空間中，胸前掛著聽筒、身穿深藍醫師袍的陳千雯醫師溫柔地為一隻貓在診治，啊～原來這裡是間貓醫院！

但這裡就是貓咪的醫院診所嗎？似又不只是如此，就由來地爸爸Kevin和陳千雯醫師一起訴說一個來地喵喵的故事。

部落格到貓診所都在傳遞生活態度

說到來地喵喵的故事，得從一隻奄奄一息的小貓被來地爸爸Kevin撿拾到開始，當時為了讓動物醫院能夠收留救治這隻從地上撿來的貓，Kevin就給她取了個名字叫「來地」。

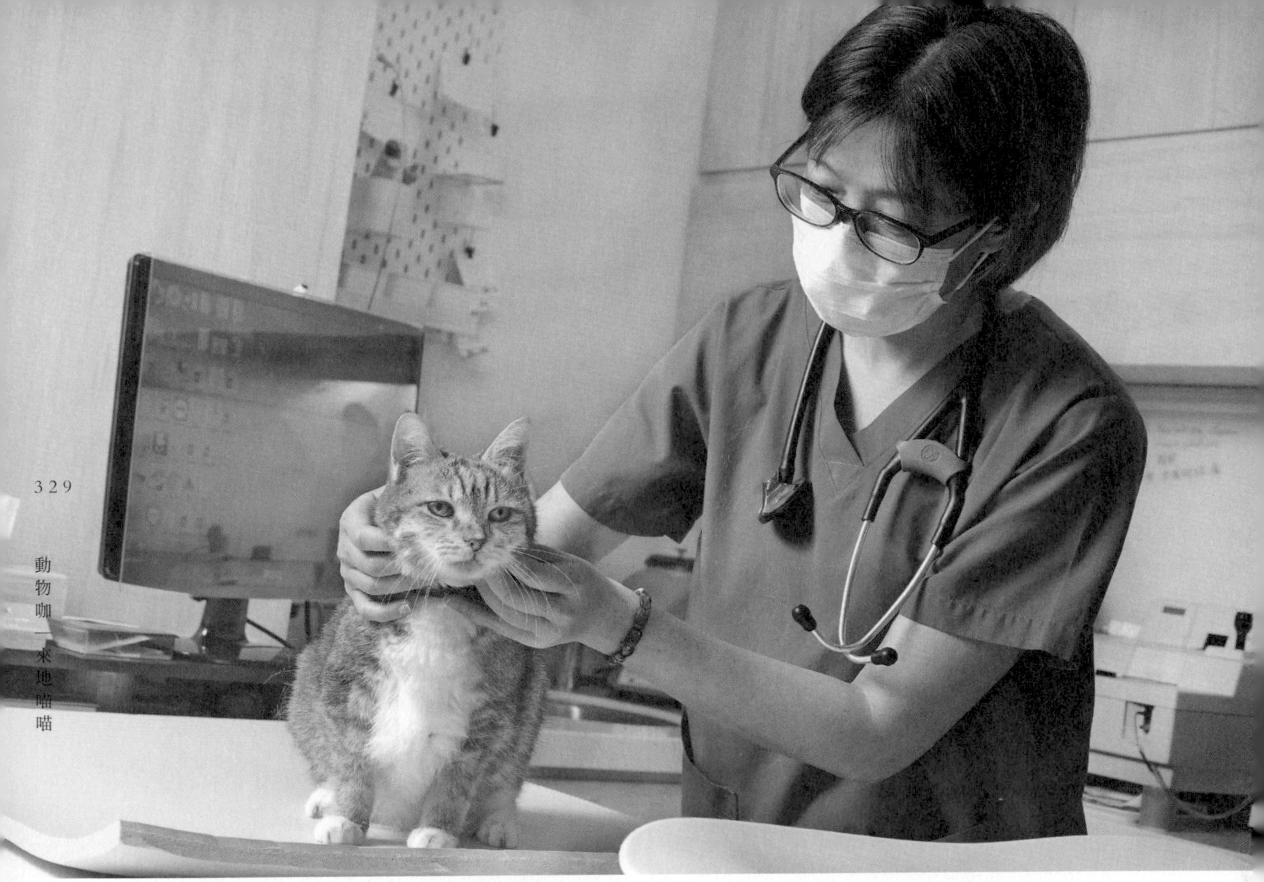

陳千雯醫師全心提升家長對貓孩的健康意識。

來地與後來加入的弟弟、妹妹三隻貓，讓Kevin生命產生變化，他逐步實現環遊世界的夢想，建置「來地喵喵」部落格，在網路世界記錄三隻貓咪等待爸爸從世界各地帶罐頭回家的心情點滴。

「每到一地，我都會將自己與來地的心靈對話寫在明信片上，感謝相伴的她豐富完整了我的生命。這過程也讓我結識許多喜歡旅行、喜歡貓的朋友，在酸甜苦辣的生命中，互相陪伴與照顧，來地喵喵是代表一種生活態度。」

二〇一五年，像家人一樣陪伴Kevin的來地離開了，到另一世界旅行。Kevin把對來地的情感轉移，想照顧更多有需要的貓、慢性病的貓，在貓和貓、人和人、貓和人間，企圖找到內

來地爸爸在來地遠行後，把對來地的情感轉移，照顧更多有需要的貓、慢性病的貓。

心想要的感動與情緒，用旅行和生活藝術，結合陳千雯醫生的醫療專業，一同打造了「來地喵喵」貓診所，這裡既是家庭診所，也是貓咪經營之家的空間，持續傳遞更多的愛與關懷。

Kevin 感性地述說，自己想打造的是間貓診所也是貓咪的家，不是冰冷的貓醫院，是富有溫潤、生命力的，有著內涵幫助、回饋與想像力的生活態度。主軸雖在醫療，但他也想把自己曾面對的難過與眾人分享，讓大家一起交流回饋，畢竟貓孩需要暖心照顧，人類也需要被照護療癒，把生活和動物的聯結變得更有趣，是來地喵喵成立的初衷。

「這是間不一樣的貓診所，用貓的視角來建構，貓和人的角色是互換的，貓咪是家的主人，牠們喜歡什麼才是最重要，我希望每

萬物時令

大暑日頭赤炎炎，貓咪也是會中暑

貓孩不像人類有很好的排汗功能來降低體溫，在炎熱、潮濕且通風不良或直接日晒的環境容易中暑。要預防貓中暑，陳千雯提供以下小撇步：

一、在家中提供多處喝水的地方，讓貓孩可以隨時喝到水。

二、製造一些陰涼的空間，太陽直晒的房間拉上窗簾，或在貓孩喜歡待的桌子、椅子下，放一些毛巾包裹的冰袋。

三、開窗或放置風扇，保持空氣流通、涼爽。

來地喵喵的空間與動線以貓為主人來設想，讓貓咪自在的走動。

隻進來的貓咪能夠感受到暖心照顧與守護，被貓主人給予的愛所包圍環繞。」

也因此，受Kevin之邀的陳千雯醫生毅然捨棄外科，專心一意做好「家庭診所的家庭醫生」，把全副心力放在提升家長對於貓孩的健康意識，宣導正確的醫病衛教，以基層醫療診所的概念，站在第一線預防貓咪疾病。

來地喵喵的空間也以竹山竹藝編織家蘇素任的竹編作品做為視覺意象，以自然材質展現生命源源不絕與靈魂律動，讓家長與貓孩一踏進來，就能感到愜意舒適，得以打開心防與醫生對話溝通。

貓咪在這空間裡自由來去與人互動。

二樓貓住宿休憩空間，訪客可預約時間在此與貓咪互動。

尊重與熱愛所有的生命

回到家鄉新竹開設來地喵喵這「以貓為本，專屬於貓咪的家庭診所」，陳千雯緩緩地說著一個個貓孩與家長的故事。有擔任腫瘤科護理師的家長，從一開始拒絕協助而焦慮奔波忙碌於工作及貓孩間，到接受建議讓來地喵喵幫她妥善照顧生病的貓孩，讓她能稍喘息，回過頭來照顧好她的病人；也曾感受到貓咪來到來地喵喵後，喜歡這裡，當貓咪累了想走了，陳千雯會告訴家長：「讓牠在這邊離開，沒有關係。」

從獸醫系畢業到執業，陳千雯始終記得獸醫系誓詞中的一段：「將盡一切努力終身奉獻專業知識與技能；尊重動物生命保護其健康……」基於此，在多年的動物醫療中，除了

讓貓咪與一份貼心準備的特色茶點，來陪伴自己。

精進醫療知識與技能，她把對生命的尊重及對飼主與寵物間的「時時關懷，點滴在心」列為核心信念。她慎重誠摯地說到：

「每一隻貓有各自的個性，各種貓又有不同的狀況，家長對待貓的方式，飲食、生活、生理變化，每一個小細節都關係到後面發展。養貓，是照顧生命，要對牠負責任，你養了牠，就是牠的唯一，就是牠依靠的人。貓是生命、不是東西物品，給予尊重、陪伴，是我們應有的態度與責任。」

除了為貓做相關治療，她以家庭醫生的身分為有愛貓的家長提供醫學諮詢、慢性疾病的保健照護知識宣導，抽空更會在外舉辦講座，就是要廣為宣導如何與貓咪友善互動和飼主的責任，同心守護牠們的健康。

如同診所二樓貓咪住宿休憩空間裡，住著

來地喵喵以竹編作品做為視覺意象。

過去與陳千雯共同奮戰的七隻貓戰友，牠們是急救組織退役的血貓，是她放不下的牽掛，遂帶著牠們回到來地喵喵，給牠們一個專屬的家，由陳千雯照顧牠們，給牠們一個愉快的老年生活。每當看診空檔或是結束，陳千雯走上二樓看到牠們自在、悠閒的躺在各自位置，或優雅地貓步於開放空間，陳千雯已分不清是她照顧陪伴了貓，還是貓教會她許多事、撫慰解答了她生命中的許多課題。

在這充滿許多童趣壁畫的二樓貓住宿休憩空間，竹編蒲團錯落散置於地板，一面是貓咪公寓，另一面牆有通往一樓的延伸貓道，還有一個貓咪的中央廚房，貓孩們是這裡的主人，訪客可以預約在此空間與貓咪互動，以英國進口皇室認證的茶葉搭配特色茶點，享受兩個小時有貓咪陪伴的閒適時光。

來到來地喵喵可以很歡樂，也可以找到放輕鬆的角落。

這一杯茶的交流，巧妙地轉化了到診所不一定是看病、看診的情緒，可以很歡樂。來到動物醫院，也不一定是貓孩們生病了，不妨放輕鬆和醫師互動，了解可以為牠們做什麼，以達到預防重於治療的目的。

一位就讀國小的小女孩，在媽媽陪同下來到來地喵喵二樓，在她們預定好的時間裡，她陪伴貓、觀察貓，在貓咪的磨蹭中靜靜地看著故事書。媽媽說她的學習態度自從來到來地喵喵後已在改變，這是喵咪教會她的事。

在貓的視界裡，沒有年齡、性別區分，人人平等。這也同樣喚醒我們對於任何生命應該平等的尊重與熱愛，看重牠們的歡喜悲憂。■

顧好生活

解讀貓的肢體語言

來地喵喵是一個以貓為主的場域，人們進來之後，開始從陌生開始和貓接觸，因為不了解，可能會對牠們的行為多有誤解，要相互親近就要先認識對方、了解對方的個性喜好。

陳千雯提醒，貓不會說話，要從牠的表情、四肢動作及耳朵位置、尾巴擺動來讀出貓孩想說的話，就連睡姿也可看出牠的情緒狀態。

露出肚子呈大字形、將四肢伸直的貓咪，此時多是處於放鬆，對環境感到安心的狀態。呈現趴坐姿勢、前腳往身體裡彎曲、頭擡高的睡姿，這時的貓咪是半放鬆狀態。當貓咪將身體蜷縮成一團，並將頭靠在前腳上睡，這多是個性較容易緊張、或警戒狀態的貓咪。

而貓咪的磨蹭動作，是為了留下氣味，有佔地盤的意味，不是我們以為的撒嬌。緊張或害怕、生氣時，貓的瞳孔都會放大變圓，這時可再看看牠們的臉部表情是僵硬還是誇張露牙？及其他身形狀態來判斷。記住，和牠多互動、多了解，不強迫牠，才是對貓咪的尊重。

餵養流浪動物前先停看想

鄭莉佳

沒有辦法負起責任、
沒有做好準備，就不要去養牠。
養牠、愛牠，
就要送牠四樣禮物：
晶片、疫苗、結紮與陪伴。

鄭莉佳

高雄市動物保護處技士，
以認養許牠一個希望，
不棄養讓牠永不失望！

高雄市首長職務宿舍（原市長官邸），原本一般民眾或難得進入，這一天卻被汪星人和貓皇們攻陷了，變身動物學校！八種體驗課程，喜歡、不喜歡動物的人，都能很容易的親近動物與參與學習。

一個嬌小的身影，忙碌地穿梭在大小朋友與毛小孩間，她是高雄市動物保護處技士鄭莉佳，一會為大家解說狗狗的肢體語言、避免人犬緊張與衝突；一會告訴大家如何讓狗狗認識家的感覺、為貓兒準備一個家又該從哪下手？甚或當天然災害來臨時，寵物的防災準備又有哪些？

在草地上，鄭莉佳隨時注意、安撫著這群從動物收容所帶出來的狗狗，不讓牠們驚慌，她猶如誇獎自家小孩般說：「牠們都是那麼棒，這些小狗都打完預防針，已做好準備，讓民眾可以領養。你可以試試多撫摸牠，會更有助於牠社會化，牠也會比較不容易緊張、不容易咬人。」

這是高雄市動物保護處為打破過去動物收容所的困境，所舉辦的活動，不再自限於同溫層，積極走進市區、走入大眾，一起提升關懷動物議題。也不只在此地此時，在百貨公司、大賣場的廣場，持續為進到收容所的毛孩子找個家。倡導：以認養許牠一個希望、不棄養讓牠永不失望！

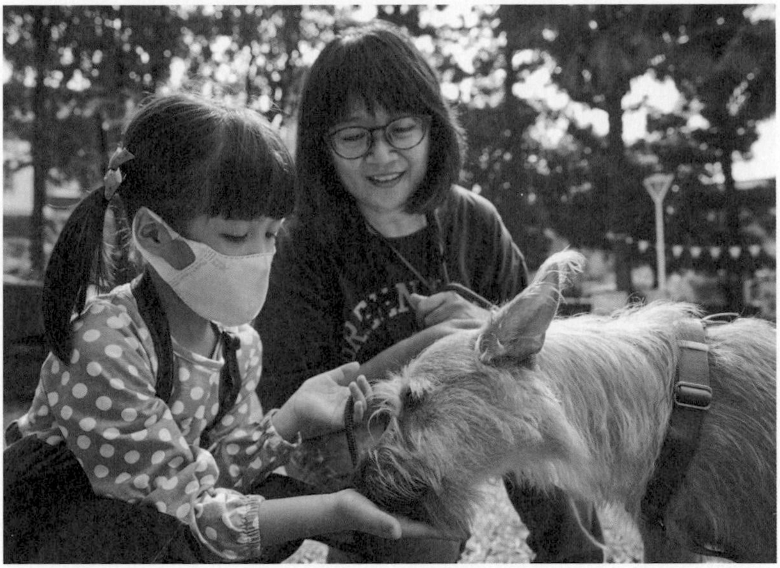

鄭莉佳帶著從動物收容所出來的狗狗與孩子們愉快互動。

在日常親近動物收容所

社群媒體上，有人晒恩愛、晒寶寶，更不乏有人天天晒他的貓小主、狗麻吉，這些被飼養在家裡的狗狗與貓咪毛小孩，多為牠們的主人提供身體和情感上的益處；飼主也多為牠們提供了適當的生活環境、活動空間、食物、飲水，及防治傳染病等等照護，甚至錦衣玉食、倍受嬌寵。

不過，街頭也不乏走失或遭主人遺棄的貓狗，成為無人關懷照顧、受盡苦難的流浪動物，終日餐風露宿，影響了環境衛生，也恐橫遭殘忍傷害，或被移送至動物收容所。

而過去說到動物收容所，腦中浮現的第一印象有不少是髒亂吵雜的嫌惡設施。位於高雄燕巢的公立收容所——高雄市燕巢動物保護關愛園區，近年致力於掃除這樣的負面印象，不僅溫馨舒適、乾淨整潔，更華麗轉身為全國唯一一座以「動物收容所」為議題的「環境教育設施場所」。

鄭莉佳談到這樣的轉變：「為了讓大家覺得收容所不再那麼恐怖，所以我們辦了吹狗螺音樂生活節，這是全國第一個在動物收容所舉辦的音樂節，有音樂、主題市集跟動物體驗，無非是希望能打破民眾早期對動物收容所的刻板印象，進而可以走進收容所。進來的朋友，也無需因為沒有帶走一隻貓狗，而感到任何心裡內疚，這裡就是一個很好玩、一個學習的地方。你可以向動物學習、成為一個更好的人。」

今年的大港開唱×吹狗螺音樂生活節，高雄市動物保護處一樣帶著園區的眾多浪浪一起吹進「人生的音樂祭」，等待與前來參加音樂季的人類朋友能情投意合，一起回家！

不僅如此，鄭莉佳撫摸著一隻狀況很好的小狗說：「我們把動物收容所搬到市區，與大家更靠近。就是希望可以更加速讓這些這麼好狀況的牠們被領養，進入到一個好家庭。在高雄駁二也建置了友善動物基地：無尾香蕉動物學校，打造以動物為中心的

上　高雄市動保處不自限於同溫層，走進市區、走入大眾，積極為收容所的毛孩子找個家。

下　從活動與玩樂中學習飼主責任，提升關懷動物議題。

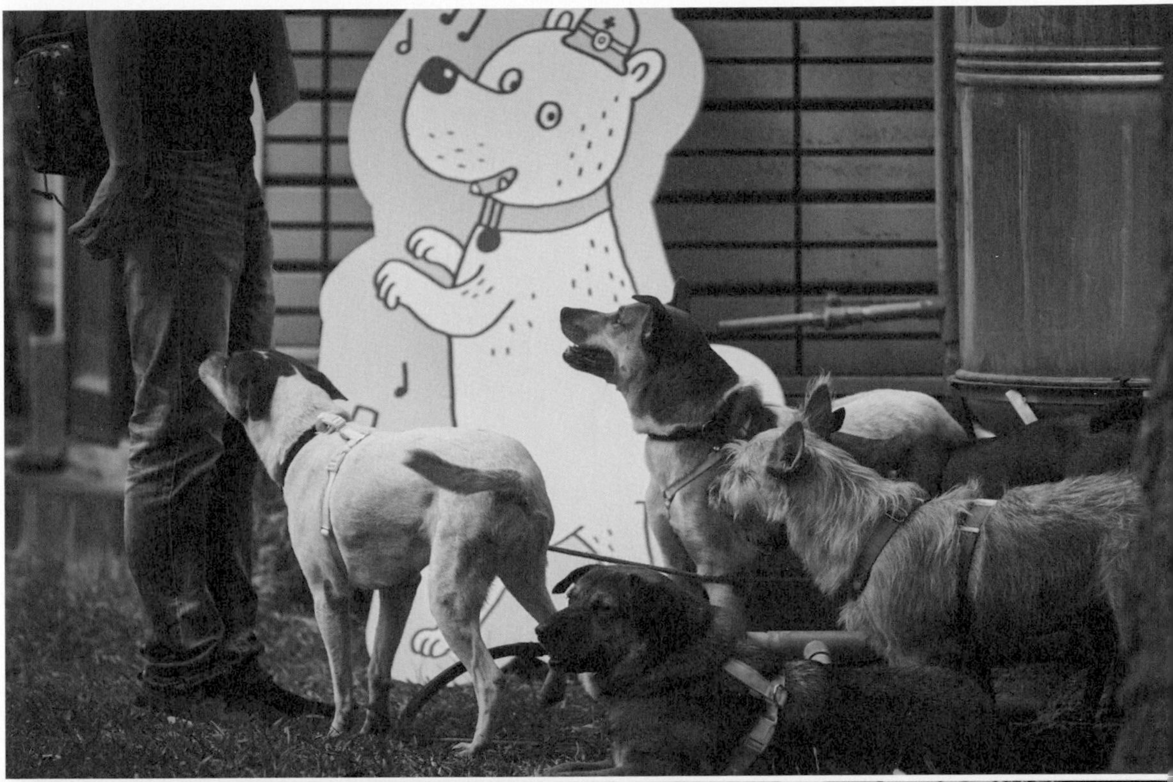

動物の家
為牠做一份禮物
Doga（狗瑜伽）
夜宿動物收容園區
黑輪歷險記
美容洗香香
你準備好了嗎？
小小獸醫師
汪星人來信
我想和他做朋友
汪星人陪伴專家

支持性環境，讓使用者與動物接觸互動、學習，成為流浪動物的送養周轉站與生命教育基地。」

鄭莉佳相信讓動物收容所、動物保護活動加速進入到市區，可以讓更多人知道友善動物、動物認養是很好、很棒的，也可讓想進入收容所的民眾，不再需要舟車勞頓，而是一個日常，那麼友善動物的氛圍就可以不斷擴散，有效改善流浪動物的數量。

從環境教育探討餵食流浪犬貓

鄭莉佳，長期在不同場合裡推動動物保護教育，雖謙稱自己在大學選科系時因為不想念文科，也因怕被當掉不想念工科，所以決定追隨爸爸選讀獸醫。「我就想我爸這樣都可以畢業了！我一定也可以。」笑聲中，藏著對父親的愛，與自小對動物的熟悉與喜愛。

畢業後，她先後在當時只有三位正式員工的高雄動物園工作，後來又到澎湖從事動物防疫，再回到高雄動保處，負責教育、

上 狗會靜靜趴在人類身邊，讓有交談困難的人可以大膽說話，培養孩子穩定性。

下 高雄動物收容所在市區舉辦活動，讓收容動物與大家更靠近，加速好狀況的牠們被領養。

臺灣屬颱風、地震帶，天然災害隨時可能發生，寵物也需要防災準備。

宣導，還有大型特定活動的安排。

在工作過程中，鄭莉佳不斷碰觸各種不同議題，包括如何從小教育、宣導動物保護，如何跟老師做相關培育？或如何從戶外教學就讓學生接觸動保議題？她真正涉略後，發現這些議題其實是跟環境息息相關的。

「在早期，動物保護在環境教育裡面，是一個非常令人詬病的議題，大家總認為流浪動物會造成環境污染、破壞環境。其實這些破壞還是來自人類，所以我想要走入環境教育，我想要透過不一樣的思維，重新喚起流浪動物的議題，因為一直以來動物保護其實只是在同溫層流傳，就是一群愛動物的朋友在講這件事，沒辦法跨出同溫層讓更多不同的人了解這件事，我想要以環境教育，把過去較負面的地方解決。」

鄭莉佳舉例說，透過環境教育，可讓大家知道野外的生態承載量是有限的，餵食貓狗就是在破壞生態承載量，還有食物來源，會讓野生動物處境更艱難，而這樣的環境其實就在我們生活中。就像我們隨便亂丟便當，或是不經意製造的垃圾，是會影響到流浪動物的，包括給予流浪貓狗食物的愛媽們，在路邊隨意餵養，也是造成野外生態環境的破壞，這會讓流浪動物不懂得自己覓食，然後為爭取食物，看到人就誤以為是來餵養、食物來了，而猛烈衝出來，因而可能害人跌倒，對環境衛生、人身安全造成不良影響。甚至攻擊其他野生動物，導致保育類野生動物滅亡等，這些都是環境議題需要探討的，也需要很多不同的思維去對話。

面對禁不禁餵養流浪貓犬

萬物時令

正月寅（虎），立春和雨水
二月卯（兔），驚蟄和春分
三月辰（龍），清明和穀雨
四月巳（蛇），立夏和小滿
五月午（馬），芒種和夏至
六月未（羊），小暑和大暑
七月申（猴），立秋和處暑
八月酉（雞），白露和秋分
九月戌（狗），寒露和霜降
十月亥（豬），立冬和小雪
十一月子（鼠），大雪和冬至
十二月丑（牛），小寒和大寒

的議題，鄭莉佳坦言還有許多面向可探討：「餵養流浪動物，要先知道用意是什麼？要探討為什麼要做這件事情？是因為感受到流浪貓狗的飢餓，而愛心餵食？這真的是友善動物？或者如我們動保處去餵養流浪貓狗，主要是要把牠們抓起來結紮，或是移除，而跟牠們做進一步的接觸。一昧的全面禁止餵養，實務上是有困難的，可否考量管理餵食等階段性措施？一些倡議，沒有經過好的思考就去做，反會造成更大的對立。」

但對一般民眾而言，要怎麼建立這個交流環境？或要如何去了解這些？又該如何了解到底什麼才是對的？這是鄭莉佳心心念念的。所以，無論是在校園宣導、涵蓋整個市區的教育，或開放更好的場域，鼓勵民眾可以進到裡面了解動物福利、如何愛護動物、認識流浪動物與環境承載等等議題，都是高雄市燕巢動物保護關愛教育園區所積極推動的，期待能透過知識建構、親身參與及觀念釐清，來維護動物保護、生態平衡，建立對環境及人類皆友善的場域。▣

顧好生活

與毛小孩互動、成為家人

透過明亮潔淨的燕巢動物保護關愛教育園區，給予我們對動物收容所全新的認識，也不妨透過教材學學如何跟狗狗打招呼：

1 要先和飼主打招呼，問我可以摸您的狗嗎？不可以突然摸狗喔！

2 手握拳，讓狗聞味道。聞對方的味道，是狗打招呼的方式。

3 把手張開，溫柔的摸牠。狗不能從頭的前方摸，要從側臉。摸耳朵後面、胸部等，是牠最喜歡的。

而要成為好主人，必要做到四件事，違者可是要被開罰的：

1 要打晶片，寵物必需植入晶片及完成寵物登記並定期更新。

2 要打疫苗，家犬貓必須每年施打一次狂犬病疫苗。

3 要絕育，寵物必需絕育或申報免絕育，禁止未申報就繁殖。

4 要伴同，家犬貓不棄養不放養，做牠一輩子好主人。

還有，請記住：領養，不棄養；絕育，不放養。

讓為我們付出的經濟動物活得更好

廖震元

消費者對動物有同理心、
對畜產品追求高品質，
才能改善動物福利，
提升畜產業的水準，
達到消費者、畜產業者、動物
三贏的局面。

廖震元

英國亞伯丁大學畜產與動物福利博士，
社團法人臺灣農業標準學會秘書長，
專長飼養管理，
致力推動人道認證與輔導、
臺灣安全農法認證等。

俗語說：「沒吃過豬肉，也看過豬走路。」意謂見識再少也多少會懂一些，不要沒常識！但這句話的背景是早期農業社會，農夫養豬、餵豬是為了把豬賣了，好換錢養活全家大小，因此養豬人家吃不到豬肉，只看過豬走路。

當今社會卻是「吃過豬肉，沒看過豬走路」的人較多，現代人大多未曾見過最常食用的豬、雞、鴨走路，而是從市場、冷凍櫃或餐桌上認識牠們的某一部位。

來到南投名間肉品市場，不僅眼見豬走路，猶見識了毛豬活體拍賣業務、現代化屠宰作業，對於提供人道、衛生安全、生鮮豬肉的管銷模式，有了一番新認識。

將人道操作，導入飼養環節

不來到肉品市場還真的不知道，我們每日吃的生鮮豬肉，從飼養成熟後運送到肉品市場，所經過的豬隻拍賣及電宰過程是如此繁瑣。在肉品市場屠宰場中，豬隻需一一經歷「毛豬進場、碼頭卸豬、前繫留場 休息、抽籤、編號登入電腦、開始拍賣、過磅、競價、成交標記、電宰」等，就見由大貨車承載而來的豬隻，經過沿途奔波與驚嚇後，進入現今環境大為改善、通風明亮的「繫留場」休息，以免影響豬隻健康。拍賣時，工作人員會開始引導一隻隻毛豬走過拍賣場中央的

拍賣過程以人道驅趕可避免豬隻痛苦。

半圓形走道及過磅，這時真的就可見到豬走路了，或可稱為「走秀」，不過畢竟不是豬隻自願，有時仍得人為驅趕，過去會用電擊棒，造成豬隻痛苦。在此，畜產專家廖震元博士導入新的人道驅趕流程，不僅速度加快，也減少豬隻發生跛腳、暴斃死亡等事故。

拍賣競價時，兩旁經驗豐富的拍賣員會以目測方式看豬隻的屁股、身材大小及體態，決定標價後顯示在機器螢幕上，這一切可都要在三十秒內完成，真的就是秒定高下。

拍賣完成後，豬隻身上會落下成交標記，再回到繫留場做屠宰前的休息。電宰前，也會有獸醫師為毛豬做檢查，再以致昏機電昏，使動物在無意識狀況下進行屠宰。電宰後再經過連串的屠後檢查，合格的豬隻才會蓋上紅印，經過冷鏈物流管理，運出屠宰場。

說實在的，首次目睹這些過程，數百上千的豬隻在繫留場，再到拍賣、電宰，豬隻的嘶鳴聲、急促顛跛的步履傳到耳中、看在眼裡，心中難免還是有所衝擊。多年積極投入改善動物生活的廖震元博士就語重心長地說：「人道飼養、經濟動物人道屠宰，是近年國際間重視的議題，也是政府展現對動物福利的重視。」

消費者是改變動物福利的關鍵

既然名為「人道」，不免還是以人的角度來看。致力於推動「人道認證」與「臺灣安全農法」認證的社團法人臺灣農業標準學會祕書長廖震元博士，大專就學時從華夏工專電子工程科插大到文化大學畜產學系，他笑指自己從讀得很痛苦、總要補考的中下成績，轉科系後一躍成全班第一。「電子工程不是我的興趣跟專長，從小就對動物有關的訊息很有興趣，在畜產學我找到所謂的快樂，讀起來也分外輕鬆。」

也因為對動物領域的熱情，廖震元續至英國亞伯丁大學攻讀

上 鴨子也是應該善待、為人類服務的經濟動物。

下 消費者有意識的購買，才是人道飼養能否永續的關鍵。

認識豬肉各部位名字
台灣常見豬
什麼是
LYD?
二層肉
大里肌
小里肌
腿肉
骨仔肉
梅花肉
小排
頰肉
頸肉
五花肉
腱子肉
GOGOPIG
六堆黑豬
桃園豬

廖震元積極推動大眾對動物福利的重視。

豬隻生產碩士、畜產與動物福利博士學位，將自己對畜產領域的視野更加擴展、提升。也領悟「看山是山，看山不是山，看山還是山」三境界，在學術教育與現場實務間取得實際運用的印證與功效。

「教育不是坐辦公室、讀書、看課本，我發現問題，會先把條件設定好，協助他們找到正確的解決方式，且到現場實際操作，不是以理論而是以實體操作成效來證明，輔以利潤，一般就可達到目的。」

所以，為推廣人道宰殺、改善豬隻恐懼和痛苦的運送、屠宰過程，廖震元一一拜訪肉品市場，剛開始也曾幾度遭到不友善對待，不被信任，他就親自跟具十幾年用電擊棒趕豬經驗的老師傅比賽驅趕速度，他只用棍子撥的方式，速度卻快了兩倍，不僅以人道驅趕讓豬隻減少痛苦，也降低

蛋，非洗選不可嗎？

臺灣人愛吃茶葉蛋，洗選蛋並沒有油蠟處理！

所謂「洗選蛋」係指經由選別、洗淨、風乾、包裝、儲存等程序處理的雞蛋，而洗淨用水的溫度控制（須高於雞蛋溫度攝氏五至十度，水亦添加殺菌試劑）、風乾時間的掌控、一次性包材的使用，以及低溫貯存的冷鏈系統，每個步驟都至關重要，目標是除去蛋殼外部的髒污，並避免後續可能的污染或細菌滋生。

一般而言，雞蛋自母體產出至孵化過程約需二十餘日的時間，所以雞蛋存放於室溫一個月，理應完好，這肇因於蛋殼外側生來便具有角質層，它對雞蛋本體具有保護作用，故雞蛋可經久存放，不致敗壞。雞蛋若未經洗選處理，蛋殼容易沾附糞便、髒污或病菌；然而，一經洗選，蛋殼上的角質層將盡數褪去，致使洗選蛋不耐室溫、必須冷藏存放。

感覺上，洗選蛋因失去角質層，好像不太完美，如果洗選蛋出廠後的冷鏈不夠扎實，一樣可能滋生細菌，甚至透過蛋殼上的氣孔侵入雞蛋內部。

在無法百分百確保杜絕微生物污染的此時此刻，尤其臺灣的動物界仍廣泛存在沙門氏菌，建議消費者應留意下述幾種狀況：

首先，若不能確定購入雞蛋是否為洗選蛋，養成購入雞蛋、即刻存放於冰箱冷藏的習慣，可大幅降低食安風險；其次，購入的雞蛋儘可能於一週內吃完，避免存放過久，品質生變；再者，如果消費者不放心，希望能親手清洗雞蛋，專家建議可於料理前進行，因為洗選用水有溫度上的要求，不符條件者，水有穿透蛋殼氣孔的可能，因而將環境中的病菌帶入雞蛋內部，經久易生質變；最後，雞蛋存放於冰箱最好有固定的位置，避免非洗選蛋外殼上的細菌污染冰箱中的其他食物。（摘錄自建蓁環境教育基金會官網）

人道飼養提供給雞的空間較為開闊，讓雞的健康狀況與飼養效率較佳。

業者成本。在一次次的示範操作中，才得以讓眾人信服，陸續在幾個示範場做出績效。

現在的廖震元來到肉品市場，不僅大受歡迎，也受許多業者之邀，輔導講解如何設置人道飼養環境及人道運送、屠宰流程。這也是他強調的「要推動建置一個系統，要把人性放進去，也需因地制宜。」

廖震元就以國內團體大力提倡效法歐盟全面禁止格子籠飼養蛋雞為例，需考量比較歐洲、臺灣的人與家禽的生存空間，在臺灣人口密度遠高於歐洲的現狀下，要求使用同一標準與認證是相當難以實踐的，一味禁止籠飼並不容易達成，不如以豐富化籠飼來做為人道飼養的選項。

進一步來說，包括人道飼養、食農教育等等要成功實行，是跟使用者、消費者有關，不是高調倡議追求完美的動物權利與福祉就能達成。食材

萬物時令

冬節丸，一食就過年

冬至，吃完湯圓就圓圓滿滿，吃完一碗湯圓就等過年。有餘人家煨豬腳、殺全雞、煎全魚，準備妥雞、豬、鴨和魚等三牲四果，祭祖望年。

廖震元提醒大家該吃好肉好蛋。

的生產過程中，業者願意改為人道飼養勢必會投入比較多的成本，不可能全由業者承擔，這時消費者買不買單？市場需求有無支持？消費者到底中意哪裡？廖震元認為就消費者不中意的部分，是否不要最優先處理，因為不容易成功。

「人道飼養很好，但人道要到什麼程度？消費者願意花多少買單？一般人會覺得我的算法比較商業利益。但是，沒有讓生產者有獲利的話，如何要求人道飼養的理念更為普及？」廖震元坦言要讓生產者、消費者、動物三贏，並不容易，而若

縱使採取相對野放飼養豬隻的模式，臺灣畢竟受限於地窄人稠，不易達成。

能從消費者願意買好的畜產品開始，才會漸次改變動物生活。

人道飼養能否永續實施的關鍵在於消費者，要讓政策改變、業者改變，需要消費者有意識的購買，這就是消費者的力量。對消費者而言，則可想想這些動物在為我們付出，我們願不願意拿出一點點同理心讓牠們日子過得好一點？在自己的能力範圍內，為環境的改變與平衡付出自己所能承擔的力量。▣

顧好生活

對南投名間鄉的印象，多直觀認為是茶鄉農園，罕知在此地有一由南投縣農產運銷股份有限公司經營的「南投豬樂園文化園區」，包含辦理毛豬活體拍賣業務、也是全國第一家通過「產銷履歷驗證」的肉品市場屠宰場，同時也是CAS肉品合格、實施人道屠宰的屠宰場。

近年來肉品市場積極轉型，從勞務服務業轉型成肉製品公司，提供經認證的優質肉品，讓消費者安心品嘗好滋味。同時營造生產、生活、生態一體的觀光休閒園區。

這個以豬為主角的豬樂園，入口處矗立一對主題為「生生不息」的大型公豬及母豬恩愛雕像，兩隻小豬姿勢造型特別、逗趣，遊客也多少沾個平安吉祥、福氣生財的好兆頭。來到這可參觀豬隻拍賣，也可到遍植花草、小豬彩繪公仔散置的景觀步道散步，或到豬事文化館農特產品展售區，購買國產優良豬肉乾、肉鬆、香腸等製品，或由豬膽提煉而成的膽汁洗髮精及豬仔設計產品等。這裡是全國首家公園化市場，也是將地方豬事文化、產業與觀光休閒做結合的園區。

山海嬉遊紀：跟著風型人、土型人，發現地方生機

作　　者｜王靜如、財團法人建蓁環境教育基金會
攝　　影｜連慧玲、邱勤庭、王靜如
圖片提供｜財團法人建蓁環境教育基金會、張菁砡、顧瑜君、馬中原、翁恒斌、鄭敦友、劉振祥

一卷文化
社　　長｜馮季眉
書系客座總編輯｜古碧玲
編　　輯｜黃于珊
封面設計｜MRstudio
內頁設計｜丸同連合

讀書共和國出版集團
社長｜郭重興　發行人｜曾大福
業務平臺總經理｜李雪麗　業務平臺副總經理｜李復民
實體通路協理｜林詩富　網路暨海外通路協理｜張鑫峰　特販通路協理｜陳綺瑩
印務協理｜江域平　印務主任｜李孟儒

出　　版｜遠足文化事業股份有限公司 一卷文化
發　　行｜遠足文化事業股份有限公司
地　　址｜231 新北市新店區民權路 108-2 號 9 樓
電　　話｜(02)2218-1417
傳　　真｜(02)8667-1065
電子信箱｜service@bookrep.com.tw
網　　址｜www.bookrep.com.tw

法律顧問｜華洋法律事務所　蘇文生律師
印　　製｜通南彩色印刷有限公司

2022 年 12 月　初版一刷
定價｜500 元　書號｜2TCC0003
ISBN ｜ 9786269571284（平裝）
ISBN ｜ 9786269684519（EPUB）
ISBN ｜ 9786269571291（PDF）

國家圖書館出版品預行編目（CIP）資料

山海嬉遊紀：跟著風型人、土型人，發現地方生機／王靜如，財團法人建蓁環境教育基金會著．—初版．—遠足文化事業股份有限公司一卷文化出版：遠足文化事業股份有限公司發行，2022.12
368面；17×23公分
ISBN 978-626-95712-8-4（平裝）
1.CST：生態旅遊　2.CST：臺灣遊記
733.69　　111018454

財團法人 CHENG CHEN foundation 建蓁環境教育基金會　合作出版